状況は、自分が思うほど悪くない。

毎日が楽しくなる60の「小さな工夫」

中谷彰宏
AKIHIRO NAKATANI

小さなことに
驚くことが
ほめ言葉になる。

小さなことに
驚くことで
自分の毎日が
楽しくなる。

[illegible]

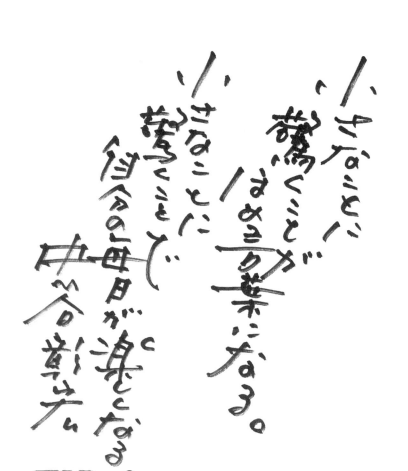

この本は、３人のために書きました。

❶ ふだんの生活に、ワクワクしたい人。

❷ まわりの人を、幸せにしたい人。

❸ 愛される人に、なりたい人。

prologue

主役になるより、主役を立てる人にオーラは出る。

何人かの人がいる時に、その中でオーラを出す人間が主役になります。どうしてもその場の主役になろうとしがちです。

主役になるためにオーラを出そうとすると、逆にオーラが出なくなります。

主役になろうとすればするほど、主役になれなくなるのです。

「オーラは持って生まれたもの」という思い込みがあります。

01

黙って立っているだけで、主役とわかる人がいるのです。

これが主役のオーラです。

存在感のある人は、「オレが、オレが」と出しゃばりません。

そういう人のほうが、華があって目立ちます。

少なくとも、その場で主役になろうとすると、主役にはなれないのです。

最もオーラを放つ人は、主役を立てる人です。

自分以外を主役にできる人です。

会議やプレゼンテーション、パーティーの席でも、引き立て役になれる人が目立ちます。

わき役にまわれる人のほうがオーラが出ます。

自分のそばにいる人を主役にしていこうとすると、引き立てられている人よりも、引き立て側にまわっている人のほうが輝いてしまうのです。

毎日が楽しくなる
ライフサプリ
01

まわりの人を、
立てる。

毎日が楽しくなる
ライフサプリ

01 まわりの人を、立てる。

02 偉い人との仲良し自慢をしない。

03 年齢を聞かれたら、即答しよう。

04 昨日見た映画の話をしよう。

05 好きなことを1人でしよう。

06 別の世界の人から教わろう。

07 相手に感じのいいお金の渡し方をしよう。

08 高級な財布より、新しい財布を持とう。

09 前もって、お札を両替しておこう。

10 興味を持って、人の話を聞こう。

11 面白くない話より、面白い映画の話をしよう。

12 気づかれない優しさをあげよう。

13 「うちわウケ」をやめよう。

14 聞かれた質問を、相手にも返そう。

15 特別なことを、言おうとしない。

16 前振りを、カットして話そう。

17　頑張りすぎない。

18　自分が怒られているのではないと、考えよう。

19　謝りすぎない。

20　イライラした瞬間に、成長しよう。

21　想像で、イライラしない。

22　ピンチを過大評価しない。

23　女性には、「未来、一緒にすること」を話そう。

24 女性からの相談には、回数を多く答えよう。

25 女性の服に合わせて、お店を選ぼう。

26 男性の失敗は、見ないふりをしてあげよう。

27 道を聞くより、一緒に迷うことを楽しもう。

28 ケンカの翌日は、そのことに触れずに、おいしいものを食べに行こう。

29 初対面の人には、24時間以内に連絡しよう。

30 アポは、一番早い日にしよう。

31 自分と相手の共通点を、１個見つけよう。

32 ちゃんとした人より、ヘンな人を目指そう。

33 みんなと逆のことをしよう。

34 勉強している人の、そばにいよう。

35 悪口を、言われよう。

36 同じ時間に、寝よう。

37 短所を「カワイイところ」と、呼ぼう。

38 他の人を、助けよう。

39 理由より、作戦を考えよう。

40 手ごわい相手を、
自分を成長させる磨き砂にしよう。

41 ハズレも、楽しもう。

42 外用の服を、家で着てみよう。

43 歩くテンポを、速くしよう。

44 「ワクワクしないけど、オトクなモノ」を買わない。

45 面白くないものを、面白がろう。

46 ワンサイズ、きつめの服を着よう。

47 大きな声を出そう。

48 不得意なことをしよう。

49 綱渡りを、楽しもう。

50 小さい失敗を、たくさんしよう。

51 運を他人と比較しない。

52 手に入らないモノを、楽しもう。

53 意見の違いを、楽しもう。

54 全員に、好かれようとしない。

55 クヨクヨしよう。

56　バランスを信じよう。
57　その場にいない人を、ほめよう。
58　ほめメールを、送ろう。
59　女性は、小さな成長をほめよう。
60　小さなことに、驚こう。

目次

01 prologue 主役になるより、主役を立てる人にオーラは出る。……007
02 偉い人の知り合い自慢をすると、オーラが消える。……028
03 人に、年齢を聞かない。……031
04 昔話より、今の話をする。……034
05 自分の子どもくらいの人と、つきあう。……037
06 説教するより、教わる。……040
07 お金は、正面を向いて渡す。……042
08 きれいな財布を、使う。……047

09 財布の中に、5000円札を入れておく。……051
10 話している時より、話していない時の顔に気をつける。……055
11 仲が悪いという話に、のらない。……058
12 相手に気づかれないようにするのも、本当の優しさだ。……061
13 「うちわウケ」で、盛り上がりすぎない。……064
14 相手の質問は、相手の話したい話だ。……067
15 「特になし」が、会話の拒否になる。……071
16 「何を省略できるか」が、話の勝負だ。……075
17 頑張りすぎないほうが、長続きする。……078
18 相手に「イヤなことが、あったんだな」と考える。……082
19 自分が気にしているほど、相手は気にしていない。……086

20 自分も誰かをイライラさせていることに、気づく。……090
21 「まだ起きていないこと」で、イライラしない。……094
22 状況は、自分が思うほど悪くない。……097
23 女性は、昔話より未来の話を聞きたい。……100
24 女性へのプレゼントは、大きさより回数だ。……104
25 男性はお店にこだわり、女性は服にこだわる。……108
26 酔っている男性の介抱はしなくていい。……111
27 男性は、道を聞くことを屈辱に感じる。……114
28 女性脳は、ケンカしたことも忘れている。……117
29 出会ったら、24時間以内にアクションする。……120
30 「今度」「いつか」と言わないで、即会う約束をする。……123

31 自分の中に相手を見つけ、相手の中に自分を見つける。…… 126
32 仕事以外でもつきあいたい、「ヘンな人」になる。…… 130
33 みんなと違うことをする。…… 133
34 カッコいい人といると、カッコよくなってしまう。…… 137
35 悪口を言うより、言われる側になる。…… 141
36 規則正しい生活で、クヨクヨは抜ける。…… 145
37 相手をカワイイと呼ぶと、イヤでなくなる。…… 149
38 人の痛みがわかると、自分の痛みに耐えられる。…… 153
39 「どうして」より、「どうしたら」と考える。…… 156
40 現実を変えるより、解釈を変える。…… 159
41 いつもと違うメニューを、頼む。…… 163

42 家にいる時の服装を、オシャレにする。…… 167
43 歩くスピードを、速くする。…… 170
44 ワクワクしないモノは、買わない。…… 174
45 退屈な話はどこが退屈か、研究する。…… 178
46 ウエストのベルトを、緩めない。…… 182
47 自分から、挨拶する。…… 185
48 「できないこと」に、トライする。…… 188
49 「今までの自分」に、しがみつかない。…… 192
50 かすり傷の多い人は、致命傷を受けない。…… 195
51 あの人は運がいいのではない、支払いがあとでくるだけだ。…… 198
52 欲しいものを全部与えると、ダメになる。…… 201

53 自分も正しい。相手も正しい。 …… 205
54 まず、1人に愛される。 …… 209
55 ポジティブにとらえて、プラスの改善をしていく。 …… 212
56 あらゆることは、バランスがとれている。 …… 215
57 ほかの人がほめていたことを、伝言する。 …… 219
58 メールの件名に、ほめ言葉を入れる。 …… 222
59 男性脳は比較で、女性脳は成長で、ほめる。 …… 225
60 epilogue ほめるとは、驚くことだ。 …… 228

この本はＳＢＣラジオの
「中谷彰宏のビジネスサプリ」で
放送された話を書籍化したものです。

状況は、
自分が
思うほど
悪くない。

毎日が楽しくなる60の「小さな工夫」

偉い人の知り合い自慢をすると、オーラが消える。

02

名刺交換をした時に、「おたくの社長さんをよく知ってますよ」という話になることがよくあります。

偉い人や有名人と仲がいいことをアピールする人は、その人たちのオーラを自分のオーラにしようとしています。

そういう人は、逆にオーラがなくなります。

本当に仲がいい人は、「○○さんのことはよく知っています」とか「○○さんと仲良しです」とか「よく会っています」とは、まず言いません。

その人の話題が出ても、「ああそうなんですか」と聞いているだけです。

呼び方も、「○○さん」と言っている人のほうが仲良しで、「○○チャン」と呼んでいる人は、あまり仲良しでないことが多いのです。

そういうところで、知らずしらずに恥をかいているのです。


偉い人の知り合い自慢をする人は、まるでジンベエザメに張りついているコバンザメです。

コバンザメも、もともとそんなに小さくはありません。

ジンベエザメに張りつくことで、コバンザメが小さく見えてしまうのです。

「あの人と仲良し」と言う人は、1回か2回しか会っていません。

2回会うと、もう「よく会っている」と言うのです。

これもオーラに負けています。

有名人にはオーラがあります。

もちろん、オーラのある人と一緒にいることで、その人のオーラが伝染することはあります。

ただし、それを自分の宣伝材料に使おうとする人は、逆にオーラが消えてしまうのです。

毎日が楽しくなる
ライフサプリ 02

偉い人との仲良し自慢をしない。

人に、年齢を聞かない。

03

ヤル気はあっても、体がついてこないと思い込んでいる人がいます。

自分で「私はもう歳だから」と、すぐに言うのです。

病院でも、「ここの具合が悪いんです」と言うと、お医者さんから「もうお歳ですから」とか「お若くはないのですから」と言われます。

「もう歳ですから」と自分で言うことで、脳は「ああ、自分はもう歳なんだな」と判断するのです。

気持ちが元気なのに体がついてこないということは、ありません。

本当は、若々しい心を持つだけで、行動まで変わってくるのです。
老化していく人は、気持ちから老化していきます。
これはアンチエイジングの学術書にも書かれています。
体よりも気持ちで先に諦《あきら》めてしまうのは、もったいないのです。

自分の歳を気にしている人は、必ず相手の歳を聞きます。

歳の話はコンプレックスがあります。
「おいくつなんですか」と聞かれても素直に答えられません。
つい「いくつに見える?」というまわりくどい言い方をしてしまうのです。
少しでも若く見てもらおうとすること自体、歳にこだわっています。

若く見える人は、歳を聞かれた時に、すっと答えられます。

歳を聞かれてちゅうちょしたり、「いくつに見える？」と聞いたり、「あの人は若く見えるけど、いくつなんだろう」と気にしている時点で、その人は年齢にこだわっています。
自分の年齢を忘れて、まわりの人の年齢にもこだわらない人が、いつまでも若々しい気持ちでいられるのです。

毎日が楽しくなる
ライフサプリ
03

年齢を聞かれたら、即答しよう。

昔話より、今の話をする。

相手を若々しく感じるか老けて感じるかは、その人の話題が「今の話」か「昔話」かで分かれます。

精神的に歳をとってくると、その人の話はどんどん昔話へ偏《かたよ》ります。

その人は「今」を生きていないのです。

今の話題は、「昨日、こんな映画を見たら面白かった」ということです。

04

昔話の冒頭は必ず「昔ね……」から始まります。

しかも、それは何度も聞いた話です。

今の話は初めて聞く話が多いですが、昔話は反復します。

心が老化現象を起こし始めると、昔話を何度も何度も繰り返すようになるのです。

しかも、本人はそのことに気づいていません。

そういう人は、まわりのネットワークからも孤立していきます。


映画の話をするなら、昔の映画だけではなく、昨日見てきた映画の話もしたほうがいいのです。

「昔の映画はよかったけど、最近は面白い映画がひとつもない」と言う人がいます。

その人に「最近は何をごらんになりましたか」と聞くと、見ていないのです。
昔話をしている人は、今の行動をとっていません。
見てもいない今の映画を否定しているのです。
昔話をすればするほど、「今」を否定することになります。
「今」を否定することが、心の老化現象なのです。

毎日が楽しくなる
ライフサプリ 04

昨日見た映画の話をしよう。

自分の子どもくらいの人と、つきあう。

05

人とつるまないで行動できるようになると、その人は若くなっていきます。

1人で行動し始めると、逆に出会いがあるのです。

常に大勢の取り巻きを連れている人には、出会いは起こりません。

その人は、今までの仲間を逃がさないようにしているだけです。

習いごとをする人は、1人で趣味の世界の勉強をしています。

その趣味の世界を通じて出会いがあるのです。

「集団」対「集団」、「集団」対「個人」の出会いはありません。

出会いは、常に1対1で起こります。

1人で行動していると、1人の人と出会います。

1人で行動できる人は、物理的には歳をとっても、若々しくなるのです。

そういう人は若い人とも出会えます。

社交ダンスやボウリングの世界は、年齢がまちまちです。

若い人と出会いたいから来ているのではありません。

社交ダンスが好きで、ボウリングが好きだから来ているのです。

結果的に違う世代の人と出会うことで、その人の心は若々しい状態でいられるのです。

同世代ばかりでかたまっていると、どんどん老化していきます。

昔の近所づきあいは、世代がばらけていました。

組織の中にいると、係長は係長、課長は課長、社長は社長とばかりつきあうという現象が起こります。

別世代の人たちと出会うことはありません。

出会ったとしても、なんの話をしていいかわからないのです。

できるだけ心が若くいるためには、自分の子どもや孫ぐらいの人とつきあうことが大切なのです。

毎日が楽しくなる
ライフサプリ
05

好きなことを1人でしよう。

06

説教するより、教わる。

自分の子どもぐらいの人とつきあうには、友達になってもらえばいいのです。

いくら自分がつきあいたいと思っても、相手に「こんな人イヤだ」と思われたら、友達にはなれません。

上司と部下にはなれますが、一緒にいて楽しくなければ友達になれないのです。

この時、一番してはいけないのが説教です。

相手に対して「若造」とか「経験がない」と思っていると、心が老化している人は、つい説教ばかりしてしまいがちです。

「僕が教えといてやる。君は経験がなくてわからないだろうけど」と言うのです。

部下なら、まだガマンできます。

部下でもないのにこの言い方をされたら、相手は楽しくなくなります。

友達関係は、相互に教えたり教えられたりする関係です。

自分よりもはるかに若い人、別の世界の人からも教わろうとする人が、これからも伸びていきます。

教えている人は、止まっています。

これが若々しいか、老けているかの差です。

年齢は関係ありません。

その人が、まだ成長を続けているかどうかです。

成長し続けている人は、教わって吸収している人です。

説教する側にまわると、吸収する側にまわれません。

ここで損をします。

相手がどんな人であれ、「教わろう」という姿勢でいることで、いつまでも若々しい心の状態でいられるのです。

毎日が楽しくなる
ライフサプリ 06

別の世界の人から教わろう。

お金は、正面を向いて渡す。

07

同じ金額を渡されても、感じのいい渡し方と感じの悪い渡し方とがあります。

たとえば、タクシーのおつりの渡し方にはマニュアルがありません。

運転手さんによって、渡し方はまちまちです。

運転手さんの感じがいいかどうかは、最終的に、おつりの渡し方で勝負が決まります。

お客様のほうをまったく見ないで、左手で「ハイ」と渡す人もいれば、お客様を振り返って右手で渡す人もいます。
タクシーのおつりは左手で渡すよりも、右手で渡すほうが感じがいいのです。
お金を渡す時は自分の正面で渡します。
そうすれば、渡された側も気持ちがいいのです。

お金に愛される人は、受け取る側が気持ちのいいお金の渡し方ができる人です。

受け取る側が気持ちがいいということは、同時に、お金も気持ちがいいのです。
お金は、またその人のところへ帰ってきたくなります。

モノを渡す時も同じです。

たとえば、TVを見ながら横を向いて「おかわり」と言って茶碗を渡されると、感じが悪くなります。

お金を渡す時は、両方の手で渡すつもりで、相手の正面を向いて渡します。

それが相手に対する心配りです。

1万円札なら、まだできます。

100円、50円、10円という小銭になると、つい横を向いてポンと渡してしまうのです。

たとえ小銭でも、きちんと大切なものとして扱うことが必要なのです。

毎日が楽しくなる
ライフサプリ
07

相手に感じのいいお金の渡し方をしよう。

きれいな財布を、使う。

08

女性とごはんを食べに行くと、男性はつい、いいところを見せようとします。

会計の時に、財布の中のゴールド・プラチナ・ブラックのカードをアピールするのです。

女性は、そんなところを見てはいません。

女性が見ているのは、財布そのものです。

これを聞くと、男性は頑張ってブランド物の高い財布を持っていきます。

ブランド物かどうかも、女性にはどうでもいいことです。

女性に見られているのは、財布がヨレヨレでないかどうかです。

男性はカードを見せようと思っているので、財布がヨレヨレになっていることに気づきません。

カードをパンパンに入れていると、ヨレヨレになるのも早いのです。

ブランド物の財布は値段が高いので、そんなに頻繁には買い替えることはできません。

お気に入りの自慢の財布を長く持ち続けて、いつの間にか財布がヨレヨレになっていることに気づかないのです。

女性は、そういうことにはよく気づきます。

食事の時にヨレヨレの財布を出されると、不潔な感じがします。

何よりも、大切なお金にヨレヨレのすり切れたお家に入ってもらうのは、お金に対して最も失礼なことです。


高い財布でなくてもいいから、常に清潔で新しい財布にお金を入れます。

そうすることで、お金に愛されて、お金のトラブルが起きなくなるのです。

ひどい人になると、財布がすり切れているどころか、破れています。

そこからカード・カギ・小銭などの大切なモノが落ちてしまうというトラブルが発生します。

「高価な財布よりも、きれいな財布を使う」という意識を持つことが大切なのです。

毎日が楽しくなる
ライフサプリ
08

高級な財布より、新しい財布を持とう。

財布の中に、5000円札を入れておく。

09

財布に1万円札と硬貨しか入っていないと、支払いの時に困ります。

こういう人は、お金に苦労する人です。

お金に苦労しない人は、財布の中に、小銭、1000円札、5000円札、1万円札が入っています。

トータルの金額がどれだけ多いかは関係ありません。

100万円持っていても、お金で苦労する人がいるのです。

たとえば、1万円札を100枚持っていても、安いモノを買う時は使いづらいのです。

キオスクなら、まだおつりの用意があります。

それでも、小銭で渡すほうが店員さんの手間が省けます。

大切なのは、財布の中に額面のラインアップがそろっていることです。

これが、お金で苦労しないコツです。


海外では、100ドル札は使いようがありません。

実際に使うのは、小さい単位のお金です。

100ドル札で払おうとすると、「すみません、細かいのないですか」と言われます。

お金は海外に着いてすぐ必要です。

最近は日本の空港もサービスがよくなったので、両替すると小額紙幣もまぜてくれます。

昔は高額紙幣しか出てきませんでした。

現地に着いて高額紙幣を出すと、いきなりおつりでごまかされたり、盗まれたりすることもあります。

100ドル札が入っている財布を見せたら、一発でスリに狙われるのです。


日本国内でも、財布の中にトータルの金額とは関係なく、額面のラインアップがそろっていることが大切です。

キーポイントは、5000円札をできるだけ財布の中に増やすことです。

そうすれば、ラインアップは自然に増えていきます。

5000円札は、思ったより使い道があるのです。

1万円札と1000円札だけでは、どこかで行き詰まります。

財布の中に5000円札がいつも入っている人が、お金で苦労しない人になるのです。

毎日が楽しくなる
ライフサプリ
09

前もって、
お札を両替しておこう。

10

話している時より、話していない時の顔に気をつける。

何人かで話している時、みんな話している人のほうを見ています。
話すほうも、意識してきちんとしているし、テンションも上がっています。
就活学生の集団討論でも、話している時はイキイキしています。
聞く側にまわった途端、表情のテンションがストーンと落ちてしまいます。

その人の印象は、話している時よりも、話していない時に決まります。

話していない時のほうが目立つのです。

2人の時は話し手と聞き手が1人ずつなので、まだいいのです。

人数が増えていって、自分以外の人が話している時に、どれだけ高いテンションをキープできるかです。

自分以外の人が話している時間のほうが圧倒的に多いのです。

10のうち9は聞き手にまわっています。

聞いている人には、話している人より話していない人の表情のほうが、より多く目に入ってきます。

話していない時に、自分の表情が見られているのです。

そのことに気づけるかどうかです。

印象に強く残るのは、にこやかで、楽しそうに、興味を持って人の話を聞いている人です。

カッコいい人は、話している時ではなく、話を聞いている時の姿勢がカッコいいのです。

自分が話している時は一生懸命で、人が話している時はあまり一生懸命聞かないとなると、その落差がカッコ悪いのです。

気をつけたほうがいいのは、話していない時の表情とテンションなのです。

毎日が楽しくなる
ライフサプリ 10

興味を持って、人の話を聞こう。

仲が悪いという話に、のらない。

11

カッコいい人の話には、人のウワサ話や悪口がありません。

たとえば、「昨日、こんな映画を見て面白かった」とか「こんな本を読んで面白かった」という話をします。

カッコ悪い人は、すぐに「AさんとBさんは仲が悪い」というウワサ話を始めます。

「AさんとBさんは仲が悪いですよね」という話を持ち出されると、その場は「そうなのかな」「気がつかなかったけどな」「そういうこともあるかもしれない」と、ひとしきりその話題が続きます。

AさんとBさんの仲が悪い実例を一生懸命探し合うのです。

「BさんとCさんは仲がいいらしい」という話も、結局は同じです。

誰と誰が仲がいいとか悪いとかいう話は、その話をしている人があまりカッコよく見えないのです。

組織の中で仕事をしていると、悪口・ウワサ話が増えてきます。

それを聞き終わったあとには何も残りません。

その場は一瞬盛り上がりますが、あとで猛烈なむなしさが伴います。

それよりは、何が面白かったかという話をしたほうがいいのです。

「この間、○○を見たら面白かった」とか、「昨日、ラジオでこんな話をしていて」という話なら、まだ面白いのです。

トリビアとかウンチク話なら、参考にもなります。

「AさんとBさんは仲が悪い」という話は、聞いていて楽しくないのです。

カッコいい人は、そんな話を、まずしません。

誰かがそんな話をしていてものらないで、その話が終わるまで、ずっと黙っているのです。

毎日が楽しくなる
ライフサプリ 11

面白くない話より、面白い映画の話をしよう。

相手に気づかれないようにするのも、本当の優しさだ。

12

思いやりのあることをしてもらった時に、その人のことを「いい人だな」と感じます。

「優しいな」「思いやりがあるな」「カッコいいな」と感じます。

時々、その思いやりに、すぐに気づかないことがあります。

しばらくたってから、ある時差を持って「あの人は、こんなことをしてくれていたんだ」と気づかれるほうが、もっとカッコいいのです。

相手に何かしてあげても、気づかれないことがあります。
しばらくたってからのほうが、感謝の気持ちがより湧いてきます。
つまり、その場で気づかれないほうがいいのです。
相手が気づいてくれなくても、ムッとする必要はありません。
むしろ、相手に気づかれないことを喜びとします。

優しさには、
① 相手にわかりやすい優しさ
② 相手が気づかない優しさ
の2通りがあります。
両方とも大切です。
たとえば、10個のことをしてあげた時に、相手は5個気づいてくれました。

残りの5個は、あとから気づいてもらえます。

たとえ一生気づかれなくとも、それをよしとできる人が優しさを与えられる人です。

誰かに優しくしてもらった時にも、「この人は、これ以外にも優しくしてくれていることがあるんだな」と、わかるのです。

毎日が楽しくなる
ライフサプリ
12

気づかれない優しさをあげよう。

「うちわウケ」で、盛り上がりすぎない。

13

話が苦手な人が増えています。
1つはケータイ電話の影響です。
ケータイ電話は、知っている人がダイレクトに出ます。
昔は、友達の家に電話をかけても、誰が出るかわかりませんでした。
ケータイ電話になると、自分の話したい相手以外の人が出ることは、まずありません。
知らない人と話をする機会が、どんどんなくなっていったのです。

「面白い人がいるので、一緒にごはんを食べましょう」と言われることがあります。
そういう時は、大体面白くありません。
そこでは過去の背景がわかっている人たちが、「うちわウケ」で盛り上がっています。
初めての人は、ひとつも笑えない。
何を言って盛り上がっているのかわからないのです。

狭い世界の中では、うちわウケで話の上手な人が必ずいます。
その人は、自分では話がうまいと思い込んでいます。
知らない人が1人つまらなそうにしていても、気づきません。

毎日が楽しくなるライフサプリ 13

「うちわウケ」をやめよう。

うちわウケは、あくまでもうちわウケです。
うちわウケは、うまくなりすぎないほうがいいのです。
本当に話がうまくて面白い人は、初めて会った人にうちわウケの話はしません。
うちわウケは、その話を知っている人ならゲラゲラ盛り上がります。
その話がわからない人は、落ち込んでトーンが下がってしまいます。
ここにうちわウケをしてはいけない大きな理由があるのです。

相手の質問は、相手の話したい話だ。

14

「2人で話す時に、どういう話題にすればいいですか」という質問があります。

話題は考えなくていいのです。

相手が話したい話は、必ずあります。

相手の話したい話は「この間、ゴルフで……」という形では出てきません。

「最近、ゴルフ行ってます?」という質問の形をとるのです。

その質問に「なかなか行けてないんですよ。最近は家にこもってサッカーを見ていることが多いんです」と返すのは、会話としては失敗です。

相手が「最近、ゴルフ行ってます？」と振っているのは、聞き返してもらうことを待っているのです。


それがどうしてサッカーの話に変わってしまうのかという話です。

大切なのは、相手が聞いたことに答えることではありません。

聞かれたことを相手に返すことです。

「ゴルフ行ってますか」と聞かれたら、「行かれてますか」と、相手に返します。

そうすると、「いやあ、この間、ホールインワンしちゃってさあ」という話が出てきます。

相手は、ホールインワンの話をしたいのです。

会っていきなり「ホールインワンしちゃってさあ」という話は振れないか

ら、相手に「最近、ゴルフ行ってます？」という形で振るのです。

「最近、海外とか行かれてるんですか」と聞かれて、「なかなか忙しくてね。行っている時間もないですよね。景気も悪いしね」という話にもっていくと、会話ははずみません。

「〇〇さんは行かれてるんですか」と返せば、相手から必ずその話が出てきます。


相手が話したいことは、いつも質問の形で出てきます。

その質問を逃さないで、相手に聞き返せばいいのです。

あとは相手の話を聞くだけで、その話は盛り上がっていきます。

話の上手な人は、相手の話したいことに気づいて、振ってきた話をきちんと振り返す技を持っているのです。

毎日が楽しくなる
ライフサプリ
14

聞かれた質問を、相手にも返そう。

「特になし」が、会話の拒否になる。

15

新卒採用の履歴書は、今はエントリーシートのような形に変わってきています。

私は著書『面接の達人』の関係で就活学生とつきあうことが多いので、履歴書を見る機会が多いです。

中途採用にも履歴書は必要です。

履歴書には、

①　話が盛り上がる履歴書

② 話が盛り上がらない履歴書の2通りがあります。

最も盛り上がらないのは、「特になし」と書いてある履歴書です。

本人は空欄にしてはいけないと思って、「特になし」と書くのです。

会話でも、「何かコツがあるんですか」という質問に「特にありません」と答えたら、話が終わってしまいます。

「特に」でなくてもいいのです。

なんでもいいから、相手から聞かれたことには返していきます。

「別に」とか「特になし」という言葉は、コミュニケーションの拒否です。

ダイレクトな答えでなくても、正解でなくても、カッコよくなくても、特別でなくてもいいのです。

本人が特別と思っている話は、逆に面白くなくなります。

気のきいたことを言うと相手に覚えてもらえるというのは、勘違いです。話が盛り上がっている時は、あとから思い出すと、「何からこんな話になったんだろうね」というほど、きっかけは何げない話が多いのです。

気のきいた話、カッコいいセリフ、「すごいこと言うよ、今」というのは、テニスで言うと、スマッシュです。

スマッシュを打たれたら、そこで終わりです。

つい相手を説き伏せたり、説得したり、論理や議論で勝とうとしがちです。

特別なことは言わないほうがいいのです。

カッコいいことを言おうと思えば思うほど、会話ははずまなくなります。

大切なのは、会話の中にも「別に」「特になし」をなくしていくことなのです。

毎日が楽しくなる
ライフサプリ
15

特別なことを、言おうとしない。

「何を省略できるか」が、話の勝負だ。

16

話のヘタな人は、大勢の前で話す時も、1対1で話す時も、話が長いのです。

「この人、何を言いたいんだろう」と思います。

長い話は前振りが長いのです。

プロのお笑い芸人でも、前振りが長すぎる話は、すべります。

ウケると思った話がウケなかったのは、前振りが長すぎたからです。

「この話はビックリするよ」とか「この話は絶対笑うよ」とか、自信のある話ほど前振りを長くひっぱりすぎてしまうのです。

ウケると思った話がウケないと、あせります。

「そんなにウケないだろうな」と、軽い気持ちで話した話がウケると、いいリズムにノッていけます。


ウケないと思う話は、できるだけ前振りを短くしたほうがいいのです。

大切なのは、前振りを長くしすぎないことです。

結局は、何を話すかではなく、何を切るかです。

話の上手な人は省略がうまいのです。


3分の話のうち、2分半は前振りです。

いきなりラスト30秒から始めても、何も問題はないのです。

2分半の前振りはいらなかったことがわかります。

自分では説明不足と思うぐらいが、聞き手からするとちょうどいいのです。

説明が足りないと、聞き手が想像で補ったり、イメージを膨らませたりします。

そのほうが、聞き手としては、より印象に残って、「それから? それから?」と、話がはずんでいくのです。

毎日が楽しくなる
ライフサプリ 16

前振りを、
カットして話そう。

頑張りすぎないほうが、長続きする。

17

ストレスはつきあい方次第で、敵にも味方にもなるのです。
ストレスのかかっている人は、まじめで一生懸命な人が多いのです。
いいかげんな人はストレスがかかることはありません。
まじめで一生懸命なところがストレスの原因になっているのです。
まわりの人と一緒に仕事をしていて、ムッとすることがあります。
これもストレスです。
「自分はこんなに早くしているのに、あいつは何のんびりしているんだ」

「自分は時間どおり来ているのに、あいつはなんで遅れて来るんだ」と思うのは、自分が頑張りすぎているのです。

ストレスは、自分の「頑張りすぎ」と裏表の関係にあります。

頑張っている人ほどストレスを感じやすいのです。

大切なのは、頑張りすぎないことです。

「私はこんなに頑張っているのに」と思っている人は、いつの間にか、そのストレスが相手にもぶつかって、相手から疎《うと》ましく思われるようになります。

「この人はなんでいつも怒っているの？　ちょっと遅れて来ただけなのに」と思われるのです。

いいかげんな人は、自分も遅れることがあるし、適当にしているから、「申しわけない。いつもゴメンね」という軽い気持ちでいられます。

そういう人は長続きします。

仕事でも、勉強でも、頑張りすぎている人には、私はいつも「頑張りすぎないようにね」とアドバイスします。

頑張りすぎるよりは、長続きするほうがいいのです。

「私はこんなに頑張っている」という気持ちを持たないことで、まわりに対して感謝できるようになります。

不本意なことが起こっても、「仕方ないね。そういうこともあるよね」と思えるのです。

結果として、自分のストレスにつぶされずに長続きできるのです。

毎日が楽しくなる
ライフサプリ
17

頑張りすぎない。

18

相手に「イヤなことが、あったんだな」と考える。

怒っている人と接しなければならない状況があります。

たとえば、お客様にクレームを言われました。

筋道の通ったクレームならまだいいのです。

筋道が通っていないクレームは、そもそも筋違いなので、対応しても、さらに大きなクレームになります。

これがもとで、サービスマンのストレスがたまるのです。

ないものねだりをするお客様や上司に対して、その人個人に腹を立てても仕方がありません。

怒っている人は、今、目の前のことに怒っているのではないのです。

あなたに対して怒っているのではありません。

怒っている原因は、あなたではなく、怒っている人があなたの前に接した人にあるのです。

「なんで他人のことで怒られなければいけないの」と、つい考えがちです。

そういう時は、「怒っている対象は自分ではない。さっき会った人に対してムカついていて、その怒りをこっちに吐き出しているんだな」と考えればいいのです。

たとえば、上司が筋違いの怒りを自分にぶつけてきます。

「大体おまえはなんだ」と言って、「前もそうだった」とか「あれも気に入らない」とか、あれもこれもほじくり返して、すべてぶつけてきます。

家を出る前に奥さんとケンカをして、そのモヤモヤをぶつけているだけなのです。

そう思って聞くと、どんなに怒られても、自分の中にストレスはたまりません。


気に入らないことがあっても、その瞬間は怒りません。

タイムラグがあって、次に会った人にそれをぶつけるのです。

「気の毒に、さっきイヤな人に会って、その人からストレスを受け取ったんだな。ここでこの人のストレスを吐き出させてあげよう」と考えればいいのです。

「自分に対して怒っているのではない」と考えられるようになれば、自分自身のストレスはたまらないのです。

毎日が楽しくなる
ライフサプリ
18

自分が怒られているのではないと、
考えよう。

自分が気にしているほど、相手は気にしていない。

19

何かの失敗をすると、ストレスになります。

相手が怒っていることもあります。

怒っているかどうか、わからないこともあります。

とりあえず「大変ご迷惑をおかけしました。二度とこのようなことがないようにします」と、謝ります。

「上司は自分のことを怒っているのではないか」

「お客様は自分のことを嫌いになったのではないか」

と、クヨクヨ考えます。

大切なのは、謝りすぎなくていいということです。

実際、謝りが足りないことより、謝りすぎていることのほうが多いのです。


自分が気にしているほど、相手は気にしていません。

迷惑をかけたり、しくじったりした時に、それを覚えているのは自分のほうです。

迷惑をかけた側のほうが、もっと長くその責任を感じ続けるのです。

まじめで、優秀で、仕事ができる人ほど、これが起こります。

会うたびに「この間はどうもすみませんでした」と、謝るのです。

1人になると、「嫌われたんじゃないか」「見捨てられたんじゃないか」「出入り禁止になったんじゃないか」と、いろいろなことを考えます。

これがストレスになるのです。

家に帰っても、そのことが頭から離れません。
でも、平気です。
自分が思っているほど、相手は覚えていないのです。

自分が失敗したことはよく覚えています。
自分がかけられた迷惑は覚えていません。
自分が自分のことで悩んでいるように、相手も自分自身のことで悩んでいます。
そう考えれば、失敗はそれほど気にしなくていいのです。

毎日が楽しくなる
ライフサプリ
19

謝りすぎない。

自分も誰かをイライラさせていることに、気づく。

20

何かムッとしたことがあった時、そのイライラを捨てる小さなコツを身につければ、いつもゴキゲンでいられます。

たとえば、上司や同僚、部下に対して、「自分は一生懸命しているのに、あの人は一生懸命してくれない」と思うことがあります。

「一生懸命」には個人差があります。

キャリア・能力・経験によっても変わります。

「私はこんなに一生懸命しているのに、どうして後輩は一生懸命やらないで、ものの言い方もぶっきらぼうなのか」という相談ごとが多いのです。

一生懸命やらない人は、その人なりにいっぱいいっぱいです。

いっぱいいっぱいの人には、それ以上言っても仕方ありません。

変えられないものは変えられないのです。

人を育てていくことは根気のいる仕事です。

一生懸命しない人は、そもそも「一生懸命やろう」という気持ちに目覚めていません。

そういう人間を、いつか少しでもヤル気を出させることが、自分にとってのひとつの修業です。

人に対してイライラした時は、自分が成長する瞬間です。

イライラし続けたら、そこで終わりです。

自分より一生懸命しない人間に対して、それでも踏ん張って根気よくつきあって、目覚めさせていきます。

100回言って通じなければ、200回言えばいいのです。

そう考えると、イライラは消えます。

それが自分自身の成長の瞬間です。


イライラしている人は、「自分はいつもイライラさせられている人間だ」という思い込みがあります。

もっと仕事ができる人から見ると、その人はイライラさせている側にまわります。

仕事のできる人は、そのイライラをぶつけないで、温かく見守ってくれているのです。

「自分が世の中で一番イライラさせられている」と思うことがイライラの原因です。

「自分も誰かをイライラさせているんだな。気をつけないと」と思った瞬間、イライラは消えていくのです。

毎日が楽しくなる
ライフサプリ
20

イライラした瞬間に、
成長しよう。

「まだ起きていないこと」で、イライラしない。

21

イライラする対象は、最初は、今目の前で起こっていることです。
やがて、まだ起こっていないことに対してイライラし始めます。
たとえば、相手が待ち合わせに遅れました。
「なんで言った時間に来ないのかな」
↓「飛行機に乗り遅れちゃうじゃない」
↓「この先、道が混んでいたらどうするの」
と、イライラがつのっていきます。

「待ち合わせに遅れた」というのは、今のことです。

「飛行機に乗り遅れる」とか「道が混んでいる」というのは、まだ起こっていないことです。


人間は先を予知する能力があります。

8割は、まだ起こっていないことに対してイライラしています。

起こっていないことでイライラしなくなれば、2割のイライラですむのです。


「あの人は遅れて来ても『いつから待っていたの』とか言って、ゴメンを言わないいんだよね」というのは、まだ起こっていません。

「向こうから逆ギレで来るんだよね」

「飛行機がギリギリで乗れた時に、『ちょうどよかった』と言うんだよね」

「ちょうどよくないよ。こっちはこんなにハラハラしてるのに」

「そのくせ、僕が遅れた時はムチャクチャ怒るんだよね」

というのは、すべてまだ起こっていないことです。

面白いことに、イライラし始めると、まだ起こっていないイライラを頭の中で無限につくり続けるようになるのです。

これがイライラのもとです。

今、自分がイライラしている対象は、まだ起こっていません。

自分が勝手に想像しているだけです。

これに気づけば、イライラは少なくなるのです。

毎日が楽しくなる
ライフサプリ 21

想像で、イライラしない。

状況は、自分が思うほど悪くない。

22

ついイライラしてしまうのは、思いどおりに事が運ばないからです。

その人は、そもそも計画性のある人です。

まじめな人は計画が大好きです。

計画がきちんとできる人は、仕事ができる人でもあるのです。

たとえば、ラテン系の人は計画も何もありません。

大使館レベルでも、サッカーを観戦していて、国家レベルの仕事に平気で遅れて来たりします。

「スケジュール表をお渡ししましたよね」と言うと、「何かもらったかね。でも見ていない」と言うのです。

そのかわり、成り行きでの土壇場《どたんば》力があるのです。

計画どおりにいかないのは、思いどおりに事が運ばないということです。自分が今置かれている状況が自分の予想よりもひどい時に、イライラするのです。

人間は、他人のかわりにイライラすることはできません。

それは感情移入できないからではありません。

はたから見ると、イライラするほど状況はひどくないからです。

ラテン系の人たちがイライラしないのは、自分の置かれたピンチを過小評価しているからです。

まじめな日本人は、自分のピンチを実態よりも過大評価してしまいます。

思いどおりいかないと、「これはヤバいことになった」と思うのです。

そういう人は、日常の中で「大変」という言葉をよく使います。

「大変、大変」と言いながら、年がら年中イライラしています。

話を聞いてみると、そんなに大変なことではありません。

「自分が置かれている状態は、自分が思っているほどひどくない」と思えば、イライラは消えていくのです。

毎日が楽しくなる
ライフサプリ 22

ピンチを過大評価しない。

女性は、昔話より未来の話を聞きたい。

23

仕事でも恋愛でも、男性と女性が話している時は、男性脳と女性脳の境がきわめてくっきりしています。

男性は昔話が多いのです。

上司になると、特にその傾向が強くなります。

「オレがおまえぐらいの年齢の時はね……」と、半ば自慢話から説教に入るのです。

男性の部下にはウケます。

「先輩にもそんなことがあったのか」

「先輩もこんなふうに悩んでいたのか」

「早く自分も先輩のようになりたい」

「今はまだ恵まれているんだな」

と、考えられるからです。


女性は、昔話にはまったく興味がありません。

女性が最も興味があるのは、未来の話です。

女性脳は、未来の話を一生懸命受けとめます。

昔話を聞くと、「何まだそんなこと言ってるの?そんなこと自分には関係ない」と、マイナスに感じてしまうのです。

女性は、「今度○○に行きたい」とか「あんなところに行ってみたい」という未来の話をします。

男性は、「そこに昔行った時には……」という話をしがちです。
女性は、そんな話を聞きたいとは思いません。
「昔っていつですか。今はすっかり変わってますよ」と、シラけています。
どんなにすごい話でも、過去の話にはまったく興味がないのです。

女性は、現実的な話よりも、「今度こういうことを一緒にしよう」という男性の夢に惹《ひ》かれます。

それがどんなにファンタジックで、根も葉もない、地に足のついていない話でも、一生懸命聞いてくれるのです。

毎日が楽しくなる
ライフサプリ
23

女性には、
「未来、一緒にすること」を話そう。

女性へのプレゼントは、大きさより回数だ。

24

プレゼントに関して、男性からは、

「女性にはどういうプレゼントがいいんですか」

「いくらぐらいがいいんですか」

「今、ブランドでは何が流行《はや》りなんですか」

「モテるには何をあげればいいですか」

という質問が多いのです。

男性と女性とでは、プレゼントに対する考え方が大きく分かれます。

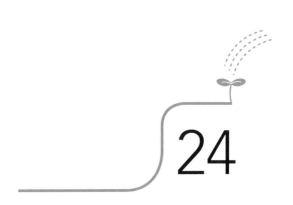

この質問自体が、いかにも男性的です。

「最低何万円以上のモノじゃないとダメでしょうか」とか「雑誌に出ているあれじゃないとダメでしょうか」と聞く人は、プレゼントにけっこうお金をかける人です。

好きな人であればあるほど、男性は頑張って予算よりも高めのモノをプレゼントします。

にもかかわらず、そのあとの展開がうまくいきません。

この失敗を繰り返している男性が多いのです。


これは、男性と女性の大きな違いです。

高いプレゼントは、女性にはプラマイゼロどころか、むしろマイナスです。

それほど親しくない人なら、プレッシャーに感じます。

「こんな高いモノをもらっちゃった」ということで、あとの関係がぎこちなくなるのです。

男性は、大きいモノ一発で勝負しようとします。

女性は、小さいモノを、数多くのほうがうれしいのです。


これはコミュニケーションでも同じです。

たとえば、男性のリーダーが女性のスタッフに相談を受けました。

この時、男性のリーダーは「一度飲みに行って、じっくり話す機会をつくるから、ちょっと待ってね」と言います。

男性は、「1回でいいから、たっぷり」をよしとします。

女性が求めるのは、「毎日少しずつ、回数多く」です。

この違いに気づけば、女性とうまくつきあえるようになるのです。

毎日が楽しくなる
ライフサプリ
24

女性からの相談には、回数を多く答えよう。

男性はお店にこだわり、女性は服にこだわる。

25

男性と女性が一緒にごはんを食べるのは楽しい瞬間です。

デートで好きな人とごはんを食べに行くと、その人のキャラがよくわかります。

ここでも男性脳と女性脳のすれ違いが起こります。

男性脳と女性脳とでは、頑張っている場所が違うのです。

男性脳は、いいお店を探すことに頑張ります。

「知る人ぞ知る店」「予約がなかなかとれない店」「高い店」にこだわるのです。

女性は、お店に対するこだわりは、あまりありません。

女性がこだわるのは、そこにどんな服を着て行くかということです。

男性は大体仕事帰りなので、仕事の服のままで来てしまいます。

先にお店を決めるのは難しいのです。

それでも男性が頑張って、いいお店を予約します。

ところが、女性はカジュアルな格好で来る可能性があります。

初めて一緒にごはんを食べる場に、気張ってオシャレをしても、逆に気恥ずかしいと思うからです。

ところが、いいお店に連れていかれると、女性にとっては、こんな居心地の悪いことはないのです。
女性は、いろんなことを考えて、その服で来ています。
ここで男性がすることは、女性の服に合わせたこだわりのお店を選ぶことなのです。

毎日が楽しくなる
ライフサプリ
25

女性の服に合わせて、お店を選ぼう。

酔っている男性の介抱はしなくていい。

26

男性の女性に対する勘違いもあれば、女性の男性に対する勘違いもあります。

頑張るところが、男性と女性とで違うのです。

たとえば、男性がお酒を飲みすぎて、気分が悪くなることがあります。トイレに行く男性に対して、頑張ってついていって介抱する女性がいるのです。

介抱好きの人は悪い人ではありません。

尽くすタイプは、すばらしい人です。

ところが、男性脳からすると、少し迷惑です。

クルマで家まで送ろうとする男性が女性にとって迷惑なのと同じです。

吐いている時に背中をさすられるのは、男性からすると最も情けないことです。


男性脳は常に、特に好意を持っている女性に対しては、ちゃんとしたところを見せたいのです。

すでにつきあっている女性なら、どんなみっともないところを見せても、それを「愛」と感じられます。

つきあう前の段階では、トイレについてきてもらわないことが、男性にはうれしいのです。

酔っているところを見られるのは、男性からすると屈辱的なことです。

男性が弱っている時に、女性脳は、ついはしゃいでしまいます。
そこではしゃがないで、「今、自分がそばに行かないことが男性脳に喜ばれることなんだ」と感じることが大切なのです。

毎日が楽しくなる
ライフサプリ 26

男性の失敗は、
見ないふりをしてあげよう。

男性は、道を聞くことを屈辱に感じる。

27

男性と女性が旅行に行くと、大体ケンカになります。
旅行に行ってケンカをしないカップルは、それだけで一生離れてはいけないカップルです。

旅行では、トラブルやアクシデントが起こります。
その時の対応の仕方で、男性脳と女性脳のクセがすれ違ったりするのです。

旅に出ると、地図を頼りに知らないところを歩きます。
時には道に迷うこともあります。
一緒に迷うことも旅の楽しさです。
ここで男性脳は頑張ってしまうのです。
頑張る時が一番ぶつかりやすく、すれ違いやすい瞬間です。

道に迷った時に、女性はすぐに人に聞こうとします。
その時の男性の言葉は決まっています。
「大丈夫だから。そんなみっともないことするな」と言うのです。
女性にとっては道を聞くのは、みっともないことではありません。
でも、男性にとっては、道に迷うことはメンツが丸つぶれなのです。
女性が地図を読めないというのは、よく聞く話です。
男性で「地図が苦手」「道に弱い」「カーナビも見られない」「道を知らな

い」と言われるのは、最も屈辱的です。

男性は、連れの女性がほかの人に道を聞くと、自分が無能な人間であると突きつけられたと感じて、ショックを受けます。

女性は、ほかの人に聞くなら、連れの男性に気づかれないように、そっと聞くことが大切なのです。

毎日が楽しくなる
ライフサプリ
27

道を聞くより、
一緒に迷うことを楽しもう。

女性脳は、ケンカしたことも忘れている。

28

男性と女性がケンカをした時に、仲直りの仕方を考えるのは男性脳です。
女性は、仲直りの仕方など考えていません。
男性は、ケンカのあと、いろいろなことを悩んでいます。
どう謝ればいいか、どう納得してもらうか、決裂しないためにはどうしたらいいか。
女性は、悩んでいません。
仲直りしようとも思っていません。

女性は、一晩寝たら、ケンカしたことも忘れているからです。

女性とケンカした時の正しい対応策は、次の日、昨日あったことにいっさい触れないことです。

何事もなかったかのように仲良く振る舞うのがベストです。


女性にとって一番迷惑なのは、「昨日のあのことだけどさ、僕もたしかに悪かったけど、君も悪かったんだよ」と、ほじくり返すことです。

男性は、自分が謝ろうと思って言っているのです。

謝っているのに女性があまりいい顔をしないので、「せっかく謝っているのに、君のその態度はなんだ」と、逆ギレします。

男性には信じられないことですが、女性は一晩寝るとケンカしたことも忘れて別人になっています。

よく考えると、こんなラッキーなことはありません。

引きずっているのは男性だけです。

女性は昨日のケンカを引きずりません。
そう思って何事もなかったかのように優しく接することができれば、その女性と仲良くつきあっていけるのです。

毎日が楽しくなる
ライフサプリ 28

ケンカの翌日は、
そのことに触れずに、
おいしいものを食べに行こう。

出会ったら、24時間以内にアクションする。

29

「初対面で相手を引きつける」という時の「初対面」は、いったいどこまでを指しているのでしょうか。

会った時だけが初対面ではありません。

たとえば、パーティーで会ったり、誰かに紹介してもらったり、何かですれ違いざまに名刺交換をすることがあります。

会った時から24時間が勝負です。

事故に遭った人に対して、お医者さんは「何時間前から倒れていますか」と確認をします。

時間との戦いなので、どれぐらい時間がたっているかが一番重要なのです。

初対面の好感度を上げるためには、24時間が勝負です。

24時間以内に何か具体的なアクションを起こさなければ、その縁はその後、絆になっていきません。

それでチャンスは終わるのです。

たとえば、名刺交換をした時に「近いうちにお会いしましょう」という話になりました。

その日にいきなり電話をかけると、あまりにもガツガツしている感じがするので、すぐ連絡しない人が多いのです。

2～3日とか1週間ぐらいたってから、または具体的に頼みたい用事ができてからと思っていると、その時点で、その出会いはチャラになります。

出会って24時間以内のみが有効です。

2日後には相手も覚えていません。

24時間以内にアクションを起こしてくる人は、覚えているのです。

毎日が楽しくなる
ライフサプリ
29

初対面の人には、24時間以内に連絡しよう。

「今度」「いつか」と言わないで、即会う約束をする。

30

相手に好印象を持つと、「今度会いましょう」とか「いつか一緒に仕事をしましょう」という話になります。

これは印象を下げています。

「今度」とか「いつか」という言葉が社交辞令になってしまうのです。

本当に感じのいい人は、「今日このあと、ごはんを食べませんか」とか「明日はあいていますか」と、具体的な日にちを目の前で言える人です。

こんな人が初対面で印象がよくなるのです。

ほとんどの人が、初対面でいきなり日程のやりとりをするのは厚かましすぎると遠慮します。

好印象を持たれないのは、悪意があるからではなく、遠慮しすぎているからです。

「今度」とか「いつか」は曖昧《あいまい》な表現ですが、ウソではなく、本当にそうしたいと思っているのです。

ただし、それが素直に相手に受け取られるとは限りません。

明日より今日、1週間後より3日後と、できるだけ手前の日程を決めたほうが相手にいい印象を与えられます。

それがホンネで動いているということです。

落語家の桂米團治《よねだんじ》師匠から「本を送っていただいてありがとうございました」というお礼のメールをもらいました。

私はすぐにホームページを見て、米團治師匠の落語の口演日程を調べました。

そして、「○日の落語の口演にぜひ行きます」とメールしました。

「今度」とか「いつか」で流さないで、即決めて実行することが大切なのです。

毎日が楽しくなる
ライフサプリ 30

アポは、一番早い日にしよう。

31

自分の中に相手を見つけ、相手の中に自分を見つける。

人間は、

① 自分と共通点のある人
② 自分に好印象を持ってくれた人

に好印象を持ちます。

自分に好印象を持ってもらいたいなら、自分が相手に好印象を持てばいいのです。

では、どうしたら相手に好印象を持てるのでしょうか。

人間は、相手との共通点がある時に好印象を持ちます。
共通点を早く見いだすことが大切です。

「相手と自分は違う」と思った瞬間、相手への好印象は生まれなくなります。

好印象は、自分と相手との間にあり、何らかの共通点を感じた時に生まれます。
「この人は自分に似ているな」と感じる部分が共通点です。
人間はみんな違います。
全体が丸ごと似ることは、まずありません。
100のうち100似ることは難しいのです。
でも、1個や2個なら似ているところは必ず出てきます。
それに気づいた瞬間に、相手にググッと好印象を持つのです。

「相手のこういうところは自分の中にもある」とか「自分のこういうところは相手の中にもある」ということです。

相手の中に自分を見つけ、自分の中に相手を見つけた時に、初めて出会いになり、縁になり、絆になっていくのです。

「相手は自分と違う人」という視点で見ていると、そこから縁は生まれません。

何を言っても、おせじになります。

「自分と何か似ているのに、あの人はなんでここがうまいんだろう」というのは、きちんと相手の才能を評価しています。

共通点がベースなので、相手もその評価を素直に受け入れられるのです。

毎日が楽しくなる
ライフサプリ
31

自分と相手の共通点を、
1個見つけよう。

仕事以外でもつきあいたい、「ヘンな人」になる。

32

仕事で会う相手には、好印象を持ってもらいたいものです。

仕事は、きちんと、礼儀正しくすることが求められます。

冗談を言ってはいけない、笑ってはいけないと、つい身構えてしまいます。

プライベートでは笑顔でいられる人も、仕事上で初対面の人には、どうしても笑顔を出せないのです。


初対面の人に今後仕事でおつきあいしてもらうには、仕事を離れてもおつきあいできる人になれたら勝ちです。

「この人はいい人だな。この人と一緒に仕事をしたい」と思うのは、「仕事とは関係なしにごはんを食べてみたいな」と思える人です。

「この人ともう少し話してみたいな」と思われる人になれば、仕事も一緒にできるのです。

「仕事はできるけど、一緒にごはんは食べたくない」とか「仕事以外では会いたくない」と思われたら、マイナスです。

レベル的には、仕事で気に入られるのが「5」、仕事を離れても一緒にごはんを食べに行きたい、飲みに行きたい、話したい、遊びたいと思われたら「10」です。

ハードルとして「仕事を離れても、この人と友達になりたい」と思ってもらうことを目指せば、仕事でも気に入られます。

毎日が楽しくなる
ライフサプリ
32

ちゃんとした人より、
ヘンな人を目指そう。

人間は「ヘンな人」のほうが好きです。

いかに「ヘンな人だな」と思ってもらえるかです。

「ヘンな人」は、マイナスではなく、プラスの表現です。

「ちゃんとした人」を目指そうとすると、印象に残らないし、覚えてもらえなくなる危険性があるのです。

みんなと違うことをする。

33

優しくされるのが好きな女性もいれば、ベタベタされるのが好きでない女性もいます。

ここで男性は迷うのです。

恋愛においては、相手にどう接すればいいかは、なかなか難しい問題です。

これを簡単に見抜く方法があります。

たとえば、5対5の合コンで、一番カワイイ女性をみんなが狙っていました。

女性への接し方は、ほかの男性の対応を見ていればわかります。

みんながその女性を持ち上げて、ほめまくっている状況では、その逆のことをすればいいのです。

5人中4人になるより、5人中1人になったほうが印象は残ります。

みんなと同じことをしていては印象に残らないのです。


ところが、ほかの人がほめていると、つい頑張って、それ以上ほめようとしがちです。

この競争に巻き込まれたら、印象に残らないのです。

みんながチヤホヤしている時には、自分はチヤホヤの輪に入らないようにします。

チヤホヤの輪に入ってしまうと、「この人は、みんなと同じようにチヤホヤする人なんだ」と思われてマイナスです。

優しくするなら、みんながその女性に優しくしていない時のほうがいいのです。


印象に残る人は、みんなと違うことをしています。

これは、なかなか勇気がいります。

みんながしているのを見ると、「ヤバい、遅れちゃいけない」と思うからです。

その他大勢にまじってしまうと、何をしても印象に残らなくなります。

その女性は優しくされるのが好きなのか、冷たくされるのが好きなのかは、いっさい考える必要はありません。

みんなと違うことをしていれば、それだけで印象に残るのです。

毎日が楽しくなる
ライフサプリ
33

みんなと逆のことをしよう。

カッコいい人といると、カッコよくなってしまう。

34

カッコよくなりたいと思ったら、答えは簡単です。

カッコいい人と一緒にいればいいのです。

カッコいい人と毎日接していると、それを見てマネするので、だんだんその人のようにカッコよくなっていきます。

確実に隣の席の人と同じようになっていきます。

一緒にいる効果は大きいのです。

字がうまくなりたいと思ったら、習字を習いに行くのも1つの方法です。

仕事で時間がとれないとか、根気が続かないとか、どこへ習いに行けばいいのかわからないとかで、なかなか習いに行けないのです。

サラリーマン時代、私の部署は字の上手な人ばかりでした。

そこにいるだけで、字がうまくなりました。

絵がうまいチームにいると、教わらなくても絵がうまくなります。

マナーがよくなりたいと思ったら、マナーのいい人と一緒にいればいいのです。


自分の意識とか思考パターンは、すべて自分の出会っている人で決まります。

カッコいい人と一緒にいてカッコよくなると、またカッコいい人と出会います。

オシャレじゃない人と一緒にいてオシャレじゃなくしていると、カッコいい人とは出会えません。

あらゆることで同じことが言えます。

勉強したいのに根気が続かない人は、勉強している人と一緒にいれば、放っておいても勉強したくなります。

「勉強しなくちゃ」という気持ちで勉強するのではありません。

普通にしているのに、いつの間にか、気がついたら勉強しているのです。

成功したいと思ったら、成功している人と一緒にいることです。


これがなかなかできません。

成功している人と一緒にいると、「あの人ばかりカッコよくて、私はカッコ悪い」と、成功していない自分をみっともなく感じるからです。

これが出会いの真理です。
そうして自分を卑下《ひげ》するよりも、カッコいい人、勉強している人と一緒にいて頑張れば、カッコよくなれるのです。

毎日が楽しくなる
ライフサプリ
34

勉強している人の、
そばにいよう。

悪口を言うより、言われる側になる。

35

出会いを生み出すには、悪口を言われる人になればいいのです。

悪口に関して言えば、世の中には2通りしかいません。

それは「悪口を言う人」と「悪口を言われる人」です。

悪口を言われる人は、悪口を言いません。

悪口を言われたらどんな気分になるか、わかるからです。

悪口を言う人は、悪口を言われる側にはまわりません。

夢を実現してハッピーに生きていると、悪口を言われます。

夢をガマンしている人、チャンスをつかめない人は、たくさんいます。
その人たちからねたまれて悪口を言われるのは当たり前です。

1人で勉強していると、「なんだ、あいつばかりいいカッコして」と、悪口を言われます。

純粋に勉強したい人は、そんなこととは関係なしに勉強しています。
悪口は聞き流します。
言われていることも忘れてしまいます。
悪口を言っているヒマがあったら、単語の1つ、漢字の1つでも覚えたいのです。

悪口を言っていると、出会いは減りこそすれ、増えはしません。
「そうそう」と、一瞬は仲間が集まります。
やがては「あの人は陰であんなことを言ってたよ」とか「自分がいない時

にはこんなふうに言われるんじゃないか」と、疑心暗鬼《ぎしんあんき》の集団になっていきます。

それは仲間でもないし、出会いでもないのです。

悪口を言われると、「自分はみんなから嫌われているのではないか」と、ついへこんでしまいます。

決してそんなことはありません。

悪口・ねたみは羨望《せんぼう》の裏返しです。

「自分もあんなふうに勉強したい」

「あんなふうに本を読みたい」

「あんなふうに仕事で頑張りたい」

と思う気持ちの裏返しなのです。

悪口は、「ほめられている」「うらやましがられている」と、ほぼ同義です。

毎日が楽しくなる
ライフサプリ
35

悪口を、
言われよう。

悪口を言われている人は、どんどん出会いが増えていきます。

「○○さんは感じが悪い」というウワサが広まると、先入観がある分、普通にしているだけで「会ったら、すごいいい人だった」と言われます。

それで出会いになるのです。

感じのいい人ほど、悪口が広まります。

悪口が広まるから、会った時にますますその人の感じのよさがきわ立って、出会いにつながるのです。

36

規則正しい生活で、クヨクヨは抜ける。

知らずしらずのうちにクヨクヨがたまってきます。

クヨクヨしてくると、同じ時間に寝て、ごはんを食べて、お風呂に入って、出勤して、帰ってきてという毎日のルーティンワークの時間が、だんだんズレ始めます。

バランスがズレてきて、ますますクヨクヨ、イライラ、ムカムカが大きくなっていくのです。

バランスをもとに戻す一番いい方法は、規則正しい生活をすることです。

クヨクヨしない人は、規則正しい生活ができます。

規則正しい生活をしているから、ますます精神的にバランスがとれてきます。

これは、いい循環です。

クヨクヨしていると、「飲みに行く」→「寝るのが遅くなる」→「起きるのが遅くなる」→「二日酔いになる」→「ますますクヨクヨする」という悪循環にはまっていくのです。


ラジオは人間の体内時計のようなものです。

ラジオのタイムシートは、秒単位まで決まっています。

ラジオを聞く人は、「このテーマ曲が聞こえたら、ぼちぼちネクタイを締めないと」ということまで1日の生活のリズムを細かく決めているのです。

クルマの中でラジオを聞いている人は、「このテーマ曲の時にこの辺を走っていたら間に合う」とか「いつもより早い」とか「道がすいている」ということがわかります。

ラジオは人間を規則正しくするメディアです。

ほかのメディアに比べて、圧倒的に時計を見なくても時間がわかるメディアになっているのです。

毎日ラジオを聞いている人は、それだけで規則正しい生活ができています。

ラジオを聞くだけで、クヨクヨが解消して、バランスが整います。

クヨクヨしていたらラジオを聞くというのも、1つの方法なのです。

毎日が楽しくなる
ライフサプリ
36

同じ時間に、寝よう。

相手をカワイイと呼ぶと、イヤでなくなる。

誰にでも、好き嫌いがあります。
私にも、好き嫌いはあります。
好き嫌いは、あっていいのです。
まずは、自分に好き嫌いがあることを認めることがスタートです。

すべての人を好きになろうとすると、しんどくなります。

37

その人は、決して悪い人ではありません。

一緒にいて楽しいか、波長が合うかと考えると、なるべくなら避けたい人がいるのです。

そういう人に対して、どう接するかです。

好きな人は、どれだけベタベタ踏み込まれようが、土足で上がってこられようが、まったく問題はありません。

一番難しいのは、「なるべくなら」という人と、どうかかわっていくかです。

それは家族のこともあれば、義理の親戚のこともあります。

仕事では、つきあう相手を選べません。

1日8時間、週5日、その人と一緒に仕事をします。

その人との接し方のコツは、その人のことを「カワイイな」と考えることです。

たとえば、ワガママやムリ難題を言われると、「なんでこんなワガママを言って、めんどくさそうにするんだ」と、ムカツキます。

そういう時は「こういうのをめんどくさがってカワイイな」と思えばいいのです。

言い訳された時も、「こいつ、言い訳してカワイイな」と思えば、腹も立ちません。

人間は、「カワイイ」と思うと余裕が出てきます。

「この人のこういうところがイヤなんだよね」と思うと、ムッとします。

「そういうところがカワイイよね」と思うと、自分のムカツキが緩和されるのです。

毎日が楽しくなる
ライフサプリ

37

短所を「カワイイところ」と、
呼ぼう。

人の痛みがわかると、自分の痛みに耐えられる。

38

ムカツキも、イライラも、クヨクヨも、「心の痛み」です。
心の痛みは、自分が痛さを感じています。
その痛みをやわらげるのに、いい方法が1つあります。
それは、「人の痛みがわかる」ということです。

たとえば、山で遭難した人が、一緒にガケからずり落ちた仲間を助けます。

助けている人もケガをしているのに、ケガをしている仲間を背負ってガケを登っていきます。

ここに痛みの本質があります。

「痛いだろうな。頑張れよ」と、仲間を励ましているうちに、自分の痛みはすっと消えていくのです。

災害時には助けている人も助けられている人も、どちらも大変な目に遭っています。

同じように命からがら逃げて、同じようにおなかがすいて、同じように寒くて、同じようにケガをして、同じように精いっぱいです。

それでも「大丈夫ですよ」「大丈夫ですか」と言っている人は笑っているのです。

その人は相手の痛みを思いやっています。

相手の痛みがわからないと、自分の痛みは増大します。
相手の痛みがわかった瞬間、自分の痛みは消えていくのです。

毎日が楽しくなる
ライフサプリ 38

他の人を、
助けよう。

「どうして」より、「どうしたら」と考える。

39

部下や後輩のためによかれと思って言っているのに、相手がわかってくれないことがあります。

まじめで一生懸命な人ほど、「わかってくれない」という感情を持つのです。

その時のイライラ・クヨクヨ・ムカツキをなくすには、「どうして」から「どうしたら」に言葉を換えればいいのです。

「どうして」とか「なんで」は、行きどまりの言葉です。

「どうしてわかってくれないんだ」

「なんでわかってくれないの」

と言うと、そこで終わりです。

まじめな人は気を使います。

「どうしてわかってくれないのかな」とクヨクヨして、最終的には自分のせいにしてしまうのです。


そんな時、作戦を考えていると苦しくなりません。

作戦を考える言葉が「どうしたら」です。

「どうして」と「どうしたら」のわずかな違いで、これで行きどまりになるか、この先まだ続くかの2通りに分かれるのです。

「どうしてわかってくれないかな」と言う人は、打つ手がないと諦《あきら》めて、自分自身を袋小路に押し込んでしまっています。

世の中に袋小路はありません。

「だったらこうしよう、だったらこうしよう、だったらこうしよう……」

と、どこまでいっても、まだ手があります。

「自分のせい」というところに引き込むのではなく、「だったらこうしよう」と考えて前に進むことで、袋小路から抜け出せるのです。

毎日が楽しくなる
ライフサプリ 39

理由より、
作戦を考えよう。

現実を変えるより、解釈を変える。

40

部下や後輩の言葉が、カチンとくることがあります。
これでストレスがたまっていくのです。

ストレスは、現実で発生するのではなく、解釈で発生します。

「なんでわかってくれないんだ」
「オレの言うことを無視しているのか」

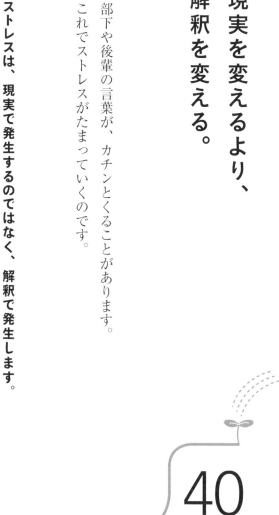

「バカにしているのか」

というのは、すべて自分の解釈です。

部下自身は、そんなことは何も考えていません。

自分が思うままに、特に悪意なく、時にはよかれと思って言っているのです。

自分のクヨクヨ、イライラをなくすために、どうせ現実を変えられないならば、解釈を変えるしかないのです。

解釈は自分自身にゆだねられています。

たとえば、優秀なのに言うことを聞かない部下が自分の部署に配属されました。

できれば別の部署にまわしてもらいたいものです。

ここで「もっと言うことを聞く、おとなしい部下のほうがいい」と考えがちです。

そうではなく、「この言うことを聞かない荒馬を乗りこなしてやる」と、自分の目標設定をすればいいのです。

「普通の人はここでカチンときますけど、私はここからですよ」と、ニコニコ笑っていたら、カッコいいです。

反発する部下を、自分の精神力を鍛《きた》える磨《みが》き砂にしていくのです。

「この荒馬を乗りこなしたら自分は1歩成長できる」というのも、1つの解釈です。

解釈は無限にあります。

現実を変えるのではなく、解釈を変えることで、ものの見方が変わるのです。

毎日が楽しくなる
ライフサプリ
40

手ごわい相手を、自分を成長させる磨き砂にしよう。

いつもと違うメニューを、頼む。

41

毎日ワクワクできれば楽しいです。

だからといって、毎日テーマパークや海外旅行に行けるわけではありません。

幸せな人は、結局、毎日ワクワクしている人です。

たとえお金持ちになって、偉くなって、有名になったとしても、ワクワクがなくなったら、その人は幸せになれたとは言えません。

同じことを続けていると、人間はだんだん慣れてきます。

赤ちゃんが、笑ったり泣いたり、あれだけの喜怒哀楽があるのは、すべてのことが初めての体験だからです。

だんだん大人になってくると、会社のルーティンワークを覚えて、その仕事に慣れてきます。

その段階で、ワクワクすることがなくなります。

失敗はありませんが、毎日が同じことの繰り返しです。

一昨日も昨日も今日も同じことをしています。

この分でいくと、明日も同じです。

ただ体力がなくなって、歳をとっていくだけになって、楽しみがなくなるのです。

だんだん慣れてくると、どうしても安定したほうをとるようになって、「変化」という刺激がなくなっていきます。

ワクワクするのは簡単です。

意識して違うことをすればいいのです。

たとえば、いつも行っている食堂があります。

最初にそのお店に入ったころは、2つ3つ試してみました。

その中で、自分のお気に入りを見つけます。

同じものを頼んで同じ席に座ることを繰り返すようになります。

安定はしますが、ワクワク感はなくなるのです。

より不安定なところにもっていくためには、いつもと違うメニューを頼んでみます。

そこで、「ウワッ、なんだろう、これ」という体験をします。

わけがわからないものを頼んで、はずしてみるという中に、ワクワク感が生まれるのです。

毎日が楽しくなる
ライフサプリ
41

ハズレも、楽しもう。

家にいる時の服装を、オシャレにする。

42

仕事や遊び、デートで外へ出る時は、みんなお気に入りの勝負服を着ています。

出かけた時だけではなく、家へ帰ってくつろいでいる時に、どれだけワクワクできるかです。

人間は、着ている服に影響を受けます。

ピンクの服を着るだけで、肌はピンク色を感じます。

男性でも、ピンクのシャツを着ると、誰かから見られるわけではないのに、肌は色を感じます。

そこでワクワク感が体に勝手に生まれてくるのです。


ワクワクするためには、家での服装をオシャレにします。

外ではオシャレをするのに、家に帰ると、いきなり家用のパジャマになる人がいます。

着替えは「外用」と「パジャマ」の2段階しかありません。

家で着替える服をもっと細かく分けることで、ワクワク感が生まれます。

仕事から帰ってきて、ごはんを食べる時の服装、ごはんを食べ終わってくつろいでいる時の服装、お風呂から上がった時の服装、ベッドで寝る時の服装……、着替えるチャンスはたくさんあります。

たとえば、イギリス人は、朝、ネクタイをしてごはんを食べます。

晩ごはんを食べる時にはディナースーツに着替えます。

ディナースーツは、イギリスではタキシードです。
タキシードは、正装ではありません。
家でごはんを食べる時も、よそに招かれた時もタキシードです。

特に、夏季にクールビズになると、外でも家でも同じ服装になります。
家で誰にも会わずたった1人でいる時にでもオシャレをすることで、ワクワクできるのです。

毎日が楽しくなる
ライフサプリ
42

外用の服を、
家で着てみよう。

歩くスピードを、速くする。

43

ワクワクしている人の共通点は、歩くスピードが速いことです。

ディズニーランドに行くと、誰もが速く歩いています。

ディズニーランドには、見るものがたくさんあります。

もちろん、次のアトラクションに並ぶとか、パレードを見る場所をとるために速く歩くということもあります。

それだけではなく、何も関係ないところでも歩くスピードが速いのです。

ワクワクすると、歩くスピードが速くなります。

歩くスピードを上げると、ワクワクするということもあります。
ワクワクしていない人は、歩くスピードが遅くなるのです。
子どもは常に走っています。
それに、目的はありません。
子どもは、走ることによってワクワク感が生まれています。
トボトボ歩いていると、だんだん頭の中がトボトボしてきます。
「トボトボ」と「ワクワク」は、逆の感覚です。
速く歩こうと思うと、大またになって、筋肉がより多く使われます。
その分、脳の血流がよくなります。

もう1つは、速く歩くことによって、大またになって、リズム感が生まれます。

トボトボ歩いていると、リズム感は生まれません。

マーチングバンドがワクワクするのは、リズム感があるからです。

同じ曲でも、コンサートホールで演奏している時よりも、マーチングバンドで歩きながら演奏するほうが、もっとワクワクできるのです。

究極は、子どもの時にしていたスキップです。

スキップぐらいの速歩きをすることで、自動的に気分がアップテンポになります。

朝、会社に行きたくない時は、あえて速足で歩くことで、ワクワクが生まれてくるのです。

毎日が楽しくなる
ライフサプリ
43

歩くテンポを、速くしよう。

ワクワクしないモノは、買わない。

44

「そのスーツは希望をくれますか」という看板を見かけました。

ドキッとするコピーです。

その看板は、その1カ所しかありません。

近くにオリジナルスーツをつくってくれるスーツ屋さんがあるのです。

その看板を見て、思わず自分のことを振り返りました。

自分が持っているモノをもう一度見まわした時に、それが自分に希望をくれているかどうかです。

「希望をくれるか」は、「ワクワクするか」ということです。

大切なのは、ワクワクする服を着て、ワクワクする靴を履くことです。


ワクワクしている人は、ワクワクするモノを持っています。

ワクワクしていない人は、ワクワクするモノを持っていません。

それがワクワクしている人とワクワクしていない人との差です。

モノには、「ワクワクするモノ」と「ワクワクしないモノ」があります。

高い安いではありません。

自分が好きなモノを持っている時、人間はワクワクします。

女性なら、お気に入りの下着を着ている時は、誰にも見せていないのに気持ちがワクワクします。

いまいちの下着を着ている時は、やっぱり気持ちがワクワクしないのです。

今は世の中のモノの値段が、どんどん安くなっています。

家の中にあるモノには2通りあります。

1つは、ワクワクするモノです。

もう1つは、安かったから買ったモノ、または便利だから買ったモノです。

便利だからワクワクするとは限りません。

便利だから、安いからという基準で買い物をしても、ワクワクできないのです。

「これを持っていてワクワクするか」という判断基準で買い物をすると、ワクワクする日常を手に入れることができるのです。

毎日が楽しくなる
ライフサプリ
44

「ワクワクしないけど、
オトクなモノ」を買わない。

45

退屈な話はどこが退屈か、研究する。

ワクワクしようと思っても、会社の中ではワクワクできないことがたくさんあります。

会議はつらいです。

上司の長話や説教を聞かなければならないからです。

パーティーもつらいです。

パーティーの何がつらいかといって、スピーチが長くて、しかも面白くないことです。

「この時間に米朝さんの落語が聞けたら、どんなに楽しいだろう」と考えてしまうのです。

ワクワクするようなことをしている時だけが、ワクワクではありません。**日常生活でワクワクしないことを楽しめるようになると、ワクワクは圧倒的に増えるのです。**


そもそも旅行はワクワクします。

ディズニーランドもワクワクします。

好きな映画を見ているとワクワクします。

本を読んでいるとワクワクします。

デートをするとワクワクします。

それと同じように、会議や、つまらないスピーチを聞く時にワクワクできたら、それが一番ワクワクできる瞬間です。

これが人生をワクワクさせるコツです。


私は最近、面白くない話にワクワクするコツに気づきました。

この話はどこが面白くないのかという分析をすることです。

そして、それを反面教師にします。

つまらないスピーチは、まず、前置きが長いのです。

「突然指名されると思っていませんでした」とかなんとかグズグズ言って、ここで30秒かかります。

次に、誰でも知っているネタを振ります。

どこの本にも書いてあるようなことを言うのです。

3番目は、質問形式にして答えをひっぱって、もったいぶっています。

これで失敗するのです。

そういうことを考えていると、けっこう間《ま》がもちます。

面白くないものを「面白くない」で終わらせないことです。
どうしたら面白くなるのかと考えることがワクワクするコツなのです。

毎日が楽しくなる
ライフサプリ
45

面白くないものを、
面白がろう。

ウエストのベルトを、緩めない。

ワクワクすることは、余裕シャクシャクなところにはありません。

ガケっぷちを歩いていると、ワクワクします。
簡単にできそうな仕事も、ワクワクできません。
できるかできないかというところに、一番ワクワク感があります。
安心とかリラックスの中に、ワクワク感はないのです。

46

これを服装に置き換えてみます。

特に男性が服を買う時は、サイズは「きつめ」と「緩め」の2つがあります。

「少しきついけど、入らないことはない服」と「ごはんを食べた時でも、ウエストがしんどくない服」に分かれるのです。

ほとんどの人が買う緩めの服は、疲れないし、リラックスできます。

ただし、ワクワクはしません。


ワクワクする服は、ワンサイズ小さめです。

ほとんどの男性は、ベルトの穴が1個緩めのものを着ています。

ベルトの穴をもう1個締めても入ります。

ベルトの穴の間隔は2・5センチです。

さらに緩めようとすると、5センチ緩いズボンをはくことになるのです。

ごはんを食べたあとは、ズボンのウエスト部分がベロンとめくれ上がります。

ジャストサイズを着ていると、そんなことは起こりません。

女性は、ウエストがきつくなってくると、最初はベルトだったのが、やがてゴムになります。

そのほうがラクなのです。

「ラク」と「ワクワク」は、真逆のところにあります。

ラクなほうを選べば選ぶほど、ワクワクがなくなっていくのです。

毎日が楽しくなる
ライフサプリ
46

ワンサイズ、きつめの服を着よう。

自分から、挨拶する。

47

「人に会ったら挨拶しなさい」と、よく言われます。
挨拶はマナーとしてすることではありません。
挨拶をしたあとはテンションが上がります。
自分から挨拶できた時は、もっとテンションが上がります。

挨拶は声を出します。

私は週1回、ボイストレーニングをしています。

発声練習は、けっこうな音量です。

防音だからいいのですが、自分の家でしたら近所からクレームがくるぐらい大きな音が出ています。

大きな声を出したあとは、けっこうハイになっています。

速く歩くのと同じように、人間は大きい声を出すとテンションが上がってワクワクするのです。

競馬場では、ラストの第4コーナーをまわってホームストレッチに入ると、みんながウワーッと叫びます。

叫ぶことで、自分のテンションも上がっていきます。

勝っても負けても関係ありません。

野球でもサッカーでも、応援しているとワクワクします。

これでテンションが上がるのです。

スポーツは、体を動かすと同時に声も出しています。

そこでワクワクして、エネルギーが湧いてくるのです。

ワクワクするのは、体の中から何かわからないエネルギーが湧いてくる瞬間です。

どのスポーツでも応援に行くと元気が出るのは、声を出すからです。

一番自然に元気よく遠くまで声を飛ばせるのは、挨拶です。

自分から挨拶することで、自分が元気になっていくのです。

毎日が楽しくなる
ライフサプリ 47

大きな声を出そう。

「できないこと」に、トライする。

48

習いごとをしている高齢者が増えています。
みんな顔がニコニコして、若々しいのです。
ワクワクしている人は、若々しく見えます。
若く見えるか老けて見えるかは、ワクワクしているかどうかの差です。

できることばかりしている人は、ワクワクしなくなります。

ワクワクするのは、できないこと、難しいこと、苦手なことにトライしている時です。

習いごとでも、

「こんなのできて当たり前でしょう」

「誰でもできるじゃん」

「何が難しいんですか」

と言う人はワクワクしないのです。

できない人は、「なんでできないんだろう」と落ち込みながら、顔は半笑いです。

釣りに行って釣れない時も、釣れないなりに顔がワクワクしています。

スキーで転んでいる人もワクワクしています。

できなかったことができた時は、もっと楽しいのです。

成功している時はドヤ顔になります。

失敗した時は、「失敗した」と思いながら、なんとも言えない、いい表情になります。
これがワクワクした顔です。
この顔は、トライした人だけができるのです。

日常生活の中で、できないことを避けて生きることはいくらでもできます。新しい仕事が転がり込んできた時に、「やったことがないから、誰かほかの得意な人に任せられませんか」と言って、逃げられるのです。

したことのない仕事にトライすることによって、たとえ失敗しても、その人はワクワクできます。

ワクワクすることで、新たな出会い、新たなチャンスを呼び込むことができるのです。

ライフサプリ
毎日が楽しくなる
48

不得意なことをしよう。

49

「今までの自分」に、しがみつかない。

新しいことにはなかなかトライできません。

今までの自分にしがみついてしまうからです。

子どもは今までの蓄積が少ないから、新しいものにどんどんトライして、どんどん吸収していけるのです。

大人になると、これがなかなかできなくなります。

今までの自分を捨て切れなくなるのです。

新入社員のころにできた失敗が、だんだんできなくなります。

部下が増えると、「部下の手前、失敗するとメンツが丸つぶれになる」と思って、今までの自分にしがみついてしまうのです。

新しいことにもトライできなくなります。

失敗した時に、「失敗したのは自分のせいじゃない」と、一生懸命言い訳をするようになるのです。

そういう人は、何かを改善し、改良していくことができません。

日々成長できなくなって、そこで固まってしまいます。

固まった状態の人間は、ワクワクできないのです。

ワクワクするのは、やわらかくて、グラグラ揺れている状態です。

綱渡りの綱の上でやじろべえが揺れている状態が、最もワクワクした状態です。

動かないのは、今までの自分にしがみついている状態です。

今までの成果がある分、失敗したら恥ずかしいし、照れるのです。

照れている人は、ワクワクできません。

今までの蓄積をすべて外へ放り出して、からっぽになった時に、最も純粋にワクワクできます。

大人になってもワクワクできる人が、本当にワクワクしている人なのです。

毎日が楽しくなる ライフサプリ 49

綱渡りを、楽しもう。

かすり傷の多い人は、致命傷を受けない。

50

いつも失敗ばかりしている人がいます。
その人は「自分は運が悪いのではないか」と思い込みがちです。

失敗の多い人は、大失敗はないのです。

取り返しがつかない大失敗をする人は、ふだんはちゃんとした人です。

まじめで、才能もある人が、とんでもない大失敗をするのです。

まわりからは「まさかあの人が」と思われます。
この人は、ふだんから小さな失敗をしていなかった人です。
小さな失敗の多い人は、小さな失敗をしながら、大きい失敗を防いでいます。
これは決して悪いことではありません。
小さな失敗の多い人は、そのうち大きい失敗をするということもないのです。

人間関係においても、小さなもめごとの多いところは大きなもめごとにはなりません。
ケンカの多い建設現場は、違う意見をふだんからぶつけ合っています。
それがガス抜きにもなります。
言っていることは同じなのに、言葉の定義が違うだけでケンカになることもあります。

そういうところでは大事故は起こりません。

小さなケンカ、小さな失敗は、どんどんしたほうがいいのです。

年がら年中風邪をひいている人のほうが、大きな病気になりにくいのです。

すぐ病院に行く人のほうが、早い時期に病気を発見できます。

かすり傷をできるだけたくさん負うことで、致命傷にならずにすむのです。

毎日が楽しくなる
ライフサプリ
50

小さい失敗を、たくさんしよう。

51

あの人は運がいいのではない、支払いがあとでくるだけだ。

運がいいとか悪いとかは、人と比較して言うことが多いのです。

「あの人はカワイイからチャンスをもらっている」とか「あの人は美人だから、お客様に気に入られて、売上げも上がって、上司にも気に入られている」と思うと、「それに比べて、自分はルックスで損をしている」という解釈になります。

運のいい、悪いは、自分1人の中だけで考えているのではありません。

常に、うまくいっている人と比較して考えます。

自分より運が悪い人と比較して、「あの人に比べたら、自分は運がいい」と考える人は、ほとんどいません。

比較がしんどいのは、自分より上の人と比較して、常に自分が負けるからです。

比較することがクヨクヨの原因です。

1人で無人島で生きている人は、そんなにクヨクヨはありません。

比較の対象がないからです。

「あの人に比べて自分は損をしている」というのが「損感」です。

自分1人でしていることに、損も得も、運が悪いもいいもないのです。

他人と比較する時は、他人のうまくいっているところしか目に入りません。

あなた自身も、まわりから「あの人はいいよな」と言われています。

自分が地味な作業をしているところは、まわりからは見えないからです。

うまくいっているところだけ見て、お互いが「いいよな、いいよな」と言い合っているのです。


世の中は、すべてのことにバランスがとれています。

うまくいっている人は、どこかでコツコツ頑張っています。

苦労知らずでうまくいっている人は、苦労があとからきます。

うまくいかなくてクヨクヨする時は、「自分は苦労を先に払っていて、あとからいいことが起こる」と考えればいいのです。

毎日が楽しくなる
ライフサプリ
51

運を他人と比較しない。

52

欲しいものを全部与えると、ダメになる。

子どもの時は、欲しいモノがあると、「いつか大人になってお金を自由に使えるようになったら、あれを大人買いするんだ」という夢を持っていました。

このころが一番楽しい時期です。

社会人になってからも、「お金を貯めて○○を買おう」と考えている時は、実際に手に入れたあとよりも、もっと楽しいのです。

「これを手に入れたら、どんなに楽しいだろう」と考えるだけで、ワクワクします。

恋愛でも、実際につきあうと、その人のイヤなところもアラも見えてきます。

「この人とつきあえたら、どんなにいいだろう」と思っている時期のほうが楽しいのです。

一番楽しい時期は、夢が実現した時よりも、夢に向かっている途中なのです。

しんどい仕事をしている時に、「早く終わって帰りたいな」と思っていると、ますますしんどくなります。

「この仕事が終わったら○○しよう」と思っているほうが、楽しさは大きいのです。

楽しさと喜びは結果にあるのではありません。

そこに至る道のりの中にあるのです。

子どもをダメにする一番簡単な方法は、子どもの欲しがるモノをすべて与えることです。

「あのおもちゃが欲しい」「この模型が欲しい」「この服が欲しい」というのをすべてかなえてあげたら、その子どもはなんの喜びも味わえなくなります。

欲しいモノが手に入らない時のワクワク感を、なくさないようにします。

手に入らないことは、アンラッキーではなく、ラッキーなことなのです。

毎日が楽しくなる
ライフサプリ
52

手に入らないモノを、
楽しもう。

53

自分も正しい。相手も正しい。

学校でも、意見が食い違うことはよくあります。

人と意見が違っても、あまり落ち込まないことです。

違って当たり前なのです。

「あの人と私は意見が違う」とわかることが、コミュニケーションのスタートです。

意見が違うことがわかるということは、コミュニケーションがすでに始まっているのです。

通じていると思っていたのに通じていないことのほうが、もっと悲惨です。

それに比べて、まったく通じていないことがわかったら、次の対応策が立てられます。

通じていない時に心穏やかでいられないのは、お互いに「私が正しい」と思っていて、どちらが正しいかということになるからです。

クヨクヨするのは、「正しいことは1つ」という思い込みが原因です。

正しいことは人数分あります。

みんな自分が正しいと思って生きているのです。

「私が正しくて、あなたが間違っている」と言うと、コミュニケーションは成立しません。

講演の質疑応答で、「中谷さんの考えは間違っています」と言われました。

私はまったくイライラせずに、平気で「ハイ、間違っています」と言いました。

私は世の中の平均の意見を言っているわけではありません。

オリジナリティーの独断と偏見を語って、参考にしてもらうだけです。

「こんな考え方もありますよ」という提案です。

「これが唯一正しくて、ほかの考えはすべて改めなさい」と言っているわけではありません。

自分も正しいけれども、あなたも正しいと思っています。

だから、ストレスがたまらないのです。

毎日が楽しくなる
ライフサプリ
53

意見の違いを、楽しもう。

まず、1人に愛される。

54

「誰からも嫌われたくない」と思うと、八方美人という形になります。
結果として、誰からも愛されなくなるのです。

食べ物には好き好きがあります。
ラーメン屋さんは、お客様に「もっと濃いのが好き」とか「もうちょっとあっさりしたほうが好き」とか、いろいろなことを言われます。

それにこたえるために、メニューを増やしていきます。

壁じゅうがメニューだらけになって、結果として、お客様が来なくなるのです。

お店のポリシーがよくわからないからです。

今までは、「あのこってり味がたまらない」というお客様が来ていました。

それが「もう少しあっさりしたのが食べたい」というお客様の要望にこたえているうちに、何を出している店かわからなくなります。

みんなに好かれることをしようとすると、結局、誰からも愛されなくなるのです。

私は子どものころから、ラジオが大好きです。

ラジオで話す時は、「この人のために一生懸命話したい」という気持ちになるのです。

今、目の前にいる人に徹底的に尽くすことで、余計なエネルギーを省略できるようになります。

これが「めんどくさくなくなる」ということです。

みんなに嫌われたくないと考えるよりは、目の前にいるたった1人にどれだけ優しくできるかです。

目の前にいる人の問題をどう解決していくかを考える。

その人をどう元気づけるかと考えることで、自分の中のストレスがなくなるのです。

毎日が楽しくなる
ライフサプリ
54

全員に、好かれようとしない。

55

ポジティブにとらえて、プラスの改善をしていく。

ついついネガティブに相手の感情を考えすぎてしまう人がいます。

相手がちょっと時計を見ただけで、「退屈しているんじゃないか」と、クヨクヨするのです。

この人は感性が細やかな人です。


クヨクヨすることは、大切です。

「自分は嫌われているんじゃないか」と思うと、小さなことが気になり出します。

「今の言い方、冷たすぎたかな」と、クヨクヨ考えるから、次に声をかける時は少しマイルドな言い方に変えてみようと思えるのです。

人が言ったことに傷つきやすい人は、どういう言いまわしが傷つくかわかるので、自分が人に言う時には気をつけるようになるのです。


いい人なのに、なぜか言葉の冷たい人がいます。

メールの文章がムチャクチャ冷たくて、ぶっきらぼうなのです。

本人はいい人なので、どんな文章を見てもポジティブにとらえるからです。

私が本を書く時に一番大切にしているのは、この文章を読んで1人も傷つかないことです。

それは、私がクヨクヨするタイプだからです。

ついつい相手の言ったことをネガティブにとらえてしまうのです。
これは悪いことではありません。
同時に、相手がポジティブに言ったことも素直に聞くようにします。
ネガティブにもポジティブにもとらえられると、心のバランスがとれるのです。

毎日が楽しくなる
ライフサプリ 55

クヨクヨしよう。

56

あらゆることは、バランスがとれている。

「言いたいことを言う人が得するのは許せない」と言う人がいます。

たしかに、声の大きい人、「私は、私は」、「それ、私、私」と言う人はいます。

世の中には、

①　言いたいことを言う人

②　控えめにガマンする人

の2通りがいます。

一見、力の強い人、声の大きい人、まわりのことをあまり考えずに自分の得することばかり言う人が欲しいものを手に入れます。

中にはズルして儲けている人もいます。

たとえば、会社で、2人で一緒にする仕事を任されました。

相手はサボっています。

自分は、その分、一生懸命しています。

ところが、2人でしたということで、評価はたいして変わりません。

「あいつの分までオレがしているのに、なんであいつと同じ評価なんだ」と、釈然としません。

うっかりすると、立ちまわりのうまいほうがほめられて、頑張っていた自分がほめられないこともあります。

この時に、「自分は損をしている。世の中は、うまくズルしたほうが評価される。一生懸命頑張った人間は評価されない」と思い込んでしまいがちです。

世の中はバランスがとれています。

ズルしたことは、ちゃんとバレています。

または結果でわかってしまいます。

ズルした人が、いつまでも得するわけではありません。

ズルした分は、どこかで帳尻が合うようにできています。

頑張ってきた人は、しばらくたってから、あと払いで評価がやってきます。

すべて帳尻が合っているのです。

ズルしている人間が得しているわけではありません。

あらゆることで、バランスが成り立っています。

それがわかれば、ズルしている人間を見た時に、「かわいそうに、あとで大きな反動がきたらショックだろうな」と、思えるようになるのです。

毎日が楽しくなる
ライフサプリ
56

バランスを信じよう。

ほかの人がほめていたことを、伝言する。

57

家庭でも職場でも、人をほめるのは、なかなか難しいことです。ほめたい気持ちはあるのに、どうほめていいかわからないのです。ほめ方のコツを覚えれば、ほめることは簡単です。

実際にほめてみると、相手も喜ぶし、自分のテンションも上がって、ますますほめたくなってきます。

まず、自分がほめられてうれしかったことを思い出してみます。

「おたくの社長がほめていたよ」と言われると、うれしいです。

目の前でほめられるよりも、その場にいない時にほめられるほうがうれしいのです。


相手をほめる時は、第三者がほめていたことを伝言するだけでいいのです。

そうすると、目の前で必死に何かほめ言葉を考えなくてもすみます。

実際、目の前にいない人をほめることは多いのです。

むしろ、その人がいないところでほめるほうが、ほめ方としては上です。

社長が部下のことを「彼は頼りなさそうに見えて、ちゃんとしているんですよ」と、ほめました。

それを聞いた人は、「社長がほめていたよ」と、本人に伝言します。

ここで「社長」と「伝言した人」の2人からほめられたという気持ちになります。

これは2ポイントです。

さらに、目の前でほめられるより、自分がいないところでほめられるほうが説得力があります。

これでまたポイントが1つ上がって、3ポイントになるのです。

ほめられていることをリレーするのも、1つのほめ方です。

自分と相手の間には、大勢の人がいます。

「この間、お客様がほめていたよ」というのは、自分がいないところで自分が話題になっていたということです。

それだけで立派なほめ言葉になるのです。

毎日が楽しくなる
ライフサプリ 57

その場にいない人を、
ほめよう。

メールの件名に、ほめ言葉を入れる。

58

メールでほめる時は、件名でほめることです。
迷惑メールまで含めると、毎日たくさんのメールが届きます。
その中で、件名でほめられていると、圧倒的にほめられ感が強くなります。
たとえ本文でほめられなくても、そのメールを保存したくなるのです。

ほめる時は、最初にほめることが大切です。

実際に会った時も、ほめる時は冒頭でほめます。

本文で長々とほめていたとしても、件名でほめているものにはかなわないのです。

件名では具体的なほめ方はいりません。

ほめ方がわからないと、ついついいろんな言葉をまぜて、逆に墓穴を掘ってしまいます。

件名の短い中でほめておいたほうが、相手に対する印象がはるかに強くなるのです。


新聞は見出しが勝負、ＴＶはヘッドコピーが勝負、ニュースはヘッドラインが勝負です。

そんな中で見落としているのが、メールの件名です。

メールの件名が大切な見出しであることに気づいていないのです。

メールは、件名でほめているものから開かれます。

本文でいくら頑張ってほめていても、あとまわしになります。

本文で「○○の件、ありがとうございました」というお礼から始まっても、あまり印象には残りません。

「ありがとう」をほめ言葉に変える1つの技が、件名でほめることなのです。

毎日が楽しくなる
ライフサプリ
58

ほめメールを、
送ろう。

男性脳は比較で、女性脳は成長で、ほめる。

59

男性と女性とでは、ほめ方に差があります。

女性に男性的なほめ方をしたり、男性に女性的なほめ方をしたりすると、せっかくほめても効果が出ないのです。

たとえば、男性がマッサージ店の人に言われて一番うれしいのは、「今週来たお客様の中で、一番凝っていますね」というセリフです。

これが比較でほめるということです。

男性は競争して生きています。

競争の中で「あいつよりオレのほうが」というところで頑張っているのです。

女性は違います。

「○○チャンより君のほうがカワイイね」と言われると、「この男は○○チャンのところでは逆のことを言っているんじゃないか」という不安を持ちます。

比較対照でほめられると、女性は猜疑心《さいぎしん》が湧いてくるだけです。

その男性に対して、信頼度とか「うれしい」という気持ちは湧いてこないのです。

女性には、「前に比べたら字が丁寧になったね」とか「電話の伝言メモが前と比べてわかりやすくなったね」というほめ方をします。

口では「ということは、前はグチャグチャだったということですか。ひどーい」と言っていますが、本当はうれしいのです。

他人との比較ではなく、以前の自分との比較です。

これが「成長でほめる」ということです。

男性のほめ方と女性のほめ方のツボがわかると、同じことをほめても、効果は絶大なのです。

毎日が楽しくなる
ライフサプリ 59

女性は、
小さな成長をほめよう。

epilogue

ほめるとは、驚くことだ。

60

ほめるのが苦手な人は、いいほめ言葉がないか、一生懸命探しています。

たとえば、グルメ番組では、いかに「おいしい」を別の言葉に言い換えるかということで、熟語をどんどん重ねていきます。

それでは、かえっておいしさは伝わらなくなります。

社交辞令やセールストークのようになって、ほめられている側は「あとで何か買わされるんじゃないか」という不信感を抱き始めるのです。

ほめている側も、どんどん言葉が足りなくなります。

「ほめ言葉集」のような本を買ってきて、ほめ方をマネし始めるのです。

それは、ほめることとは真逆の方向へ向かっています。


「ほめる」というのは、もっと純粋なことです。

ほめるとは、驚くことです。

驚かれただけで、相手は満足します。

上司に「1人でプレゼンに行ってこい」と言われて、初めて1人で得意先に行って、プレゼンテーションを通して契約をとってきた時のことです。

それを上司に報告すると、上司は「エーッ」と驚いてくれました。

それだけで私は「努力が報われた。もっと頑張ろう」という気持ちになりました。

その上司は部署のみんなにも「こいつ1人でプレゼンを通してきたぞ」と報告しました。

みんなも「ウワーッ、すごいな」「ビックリした」「まさか」と驚いていました。

驚くことが、最高のほめ言葉になるのです。

驚くことで、自分の毎日の小さなことが、楽しくなるのです。

毎日が楽しくなる
ライフサプリ
60

小さなことに、
驚こう。

『お客様のファンになろう』
『なぜあの人は問題解決がうまいのか』
『しびれるサービス』
『大人のスピード説得術』
『お客様に学ぶサービス勉強法』
『大人のスピード仕事術』
『スピード人脈術』
『スピードサービス』
『スピード成功の方程式』
『スピードリーダーシップ』
『出会いにひとつのムダもない』
『お客様がお客様を連れて来る』
『お客様にしなければならない50のこと』
『30代でしなければならない50のこと』
『20代でしなければならない50のこと』
『なぜあの人は気がきくのか』
『なぜあの人はお客さんに好かれるのか』
『なぜあの人は時間を創り出せるのか』
『なぜあの人は運が強いのか』
『なぜあの人はプレッシャーに強いのか』

【ファーストプレス】

『「超一流」の会話術』
『「超一流」の分析力』
『「超一流」の構想術』
『「超一流」の整理術』
『「超一流」の時間術』
『「超一流」の行動術』
『「超一流」の勉強法』
『「超一流」の仕事術』

【PHP研究所】

『もう一度会いたくなる人の聞く力』
『【図解】仕事ができる人の時間の使い方』
『仕事の極め方』
『【図解】「できる人」のスピード整理術』
『【図解】「できる人」の時間活用ノート』

【PHP文庫】

『入社3年目までに勝負がつく77の法則』

＜ビジネス＞

【ダイヤモンド社】

『50代でしなければならない55のこと』
『なぜあの人の話は楽しいのか』
『なぜあの人はすぐやるのか』
『なぜあの人の話に納得してしまうのか[新版]』
『なぜあの人は勉強が続くのか』
『なぜあの人は仕事ができるのか』
『なぜあの人は整理がうまいのか』
『なぜあの人はいつもやる気があるのか』
『なぜあのリーダーに人はついていくのか』
『なぜあの人は人前で話すのがうまいのか』
『プラス1%の企画力』
『こんな上司に叱られたい。』
『フォローの達人』
『女性に尊敬されるリーダーが、成功する。』
『就活時代しなければならない50のこと』
『お客様を育てるサービス』
『あの人の下なら、「やる気」が出る。』
『なくてはならない人になる』
『人のために何ができるか』
『キャパのある人が、成功する。』
『時間をプレゼントする人が、成功する。』
『ターニングポイントに立つ君に』
『空気を読める人が、成功する。』
『整理力を高める50の方法』
『迷いを断ち切る50の方法』
『初対面で好かれる60の話し方』
『運が開ける接客術』
『バランス力のある人が、成功する。』
『逆転力を高める50の方法』
『最初の3年その他大勢から抜け出す50の方法』
『ドタン場に強くなる50の方法』
『アイデアが止まらなくなる50の方法』
『メンタル力で逆転する50の方法』
『自分力を高めるヒント』
『なぜあの人はストレスに強いのか』
『スピード問題解決』
『スピード危機管理』
『一流の勉強術』
『スピード意識改革』

『仕事は、最高に楽しい。』（第三文明社）
『反射力』（日本経済新聞出版社）
『伝説のホストに学ぶ82の成功法則』（総合法令出版）
『リーダーの条件』（ぜんにち出版）
『転職先はわたしの会社』（サンクチュアリ出版）
『あと「ひとこと」の英会話』（DHC）

＜恋愛論・人生論＞

【ダイヤモンド社】

『なぜあの人は感情的にならないのか』
『なぜあの人は逆境に強いのか』
『25歳までにしなければならない59のこと』
『大人のマナー』
『あなたが「あなた」を超えるとき』
『中谷彰宏金言集』
『「キレない力」を作る50の方法』
『30代で出会わなければならない50人』
『20代で出会わなければならない50人』
『あせらず、止まらず、退かず。』
『明日がワクワクする50の方法』
『なぜあの人は10歳若く見えるのか』
『成功体質になる50の方法』
『運のいい人に好かれる50の方法』
『本番力を高める57の方法』
『運が開ける勉強法』
『ラスト3分に強くなる50の方法』
『答えは、自分の中にある。』
『思い出した夢は、実現する。』
『面白くなければカッコよくない』
『たった一言で生まれ変わる』
『スピード自己実現』
『スピード開運術』
『20代自分らしく生きる45の方法』
『大人になる前にしなければならない50のこと』
『会社で教えてくれない50のこと』
『大学時代しなければならない50のこと』
『あなたに起こることはすべて正しい』

【オータパブリケイションズ】

『レストラン王になろう2』
『改革王になろう』
『サービス王になろう2』
『サービス刑事』

【あさ出版】

『気まずくならない雑談力』
『人を動かす伝え方』
『なぜあの人は会話がつづくのか』

【学研プラス】

『セクシーな人は、うまくいく。』
文庫『片づけられる人は、うまくいく。』
『なぜ あの人は2時間早く帰れるのか』
『チャンスをつかむプレゼン塾』
文庫『怒らない人は、うまくいく。』
『迷わない人は、うまくいく。』
文庫『すぐやる人は、うまくいく。』
『シンプルな人は、うまくいく。』
『見た目を磨く人は、うまくいく。』
『決断できる人は、うまくいく。』
『会話力のある人は、うまくいく。』
『片づけられる人は、うまくいく。』
『怒らない人は、うまくいく。』
『ブレない人は、うまくいく。』
『かわいがられる人は、うまくいく。』
『すぐやる人は、うまくいく。』

【リベラル社】

『問題解決のコツ』
『リーダーの技術』

『歩くスピードを上げると、頭の回転は速くなる。』（大和出版）
『結果を出す人の話し方』（水王舎）
『一流のナンバー2』（毎日新聞出版）
『なぜ、あの人は「本番」に強いのか』（ぱる出版）
『「お金持ち」の時間術』（二見書房・二見レインボー文庫）

【あさ出版】

『なぜ あの人はいつも若いのか。』
『孤独が人生を豊かにする』
『「いつまでもクヨクヨしたくない」とき読む本』
『「イライラしてるな」と思ったとき読む本』

【きずな出版】

『悩まない人の63の習慣』
『いい女は「涙を背に流し、微笑みを抱く男」とつきあう。』
『ファーストクラスに乗る人の自己投資』
『いい女は「紳士」とつきあう。』
『ファーストクラスに乗る人の発想』
『いい女は「言いなりになりたい男」とつきあう。』
『ファーストクラスに乗る人の人間関係』
『いい女は「変身させてくれる男」とつきあう。』
『ファーストクラスに乗る人の人脈』
『ファーストクラスに乗る人のお金2』
『ファーストクラスに乗る人の仕事』
『ファーストクラスに乗る人の教育』
『ファーストクラスに乗る人の勉強』
『ファーストクラスに乗る人のお金』
『ファーストクラスに乗る人のノート』
『ギリギリセーーフ』

【ぱる出版】

『察する人、間の悪い人。』
『選ばれる人、選ばれない人。』
『一流のウソは、人を幸せにする。』
『セクシーな男、男前な女。』
『運のある人、運のない人』
『器の大きい人、器の小さい人』
『品のある人、品のない人』

【リベラル社】

『チャンスをつかむ 超会話術』
『自分を変える 超時間術』
『一流の話し方』
『一流のお金の生み出し方』
『一流の思考の作り方』
『一流の時間の使い方』

【PHP研究所】

『メンタルが強くなる60のルーティン』
『なぜランチタイムに本を読む人は、成功するのか。』
『中学時代にガンバれる40の言葉』
『中学時代がハッピーになる30のこと』
『14歳からの人生哲学』
『受験生すぐにできる50のこと』
『高校受験すぐにできる40のこと』
『ほんのささいなことに、恋の幸せがある。』
『高校時代にしておく50のこと』
『中学時代にしておく50のこと』

【PHP文庫】

『もう一度会いたくなる人の話し方』
『お金持ちは、お札の向きがそろっている。』
『たった3分で愛される人になる』
『自分で考える人が成功する』
『大学時代しなければならない50のこと』

【だいわ文庫】

『美人は、片づけから。』
『いい女の話し方』
『「つらいな」と思ったとき読む本』
『27歳からのいい女養成講座』
『なぜか「HAPPY」な女性の習慣』
『なぜか「美人」に見える女性の習慣』
『いい女の教科書』
『いい女恋愛塾』
『やさしいだけの男と、別れよう。』
『「女を楽しませる」ことが男の最高の仕事。』
『いい女練習帳』
『男は女で修行する。』

【学研プラス】

『美人力』(ハンディ版)
『嫌いな自分は、捨てなくていい。』

【阪急コミュニケーションズ】

『いい男をつかまえる恋愛会話力』
『サクセス&ハッピーになる50の方法』

『ほめた自分がハッピーになる「止まらなくなる、ほめ力」』（パブラボ）
『なぜかモテる人がしている42のこと』（イースト・プレス　文庫ぎんが堂）
『「ひと言」力。』（パブラボ）
『人は誰でも講師になれる』（日本経済新聞出版社）
『会社で自由に生きる法』（日本経済新聞出版社）
『全力で、1ミリ進もう。』（文芸社文庫）
『「気がきくね」と言われる人のシンプルな法則』（総合法令出版）
『なぜあの人は強いのか』（講談社＋α文庫）
『3分で幸せになる「小さな魔法」』（マキノ出版）
『大人になってからもう一度受けたい コミュニケーションの授業』（アクセス・パブリッシング）
『運とチャンスは「アウェイ」にある』（ファーストプレス）
『大人の教科書』（きこ書房）
『モテるオヤジの作法2』（ぜんにち出版）
『かわいげのある女』（ぜんにち出版）
『壁に当たるのは気モチイイ　人生もエッチも』（サンクチュアリ出版）
『ハートフルセックス』【新書】（KKロングセラーズ）
書画集『会う人みんな神さま』（DHC）
ポストカード『会う人みんな神さま』（DHC）

【秀和システム】

『楽しく食べる人は、一流になる。』
『一流の人は、○○しない。』
『ホテルで朝食を食べる人は、うまくいく。』
『なぜいい女は「大人の男」とつきあうのか。』
『服を変えると、人生が変わる。』

【日本実業出版社】

『出会いに恵まれる女性がしている63のこと』
『凛とした女性がしている63のこと』
『一流の人が言わない50のこと』
『一流の男　一流の風格』

【主婦の友社】

『あの人はなぜ恋人と長続きするのか』
『あの人はなぜ恋人とめぐりあえるのか』
『輝く女性に贈る 中谷彰宏の運がよくなる言葉』
『輝く女性に贈る 中谷彰宏の魔法の言葉』

【水王舎】

『「人脈」を「お金」にかえる勉強』
『「学び」を「お金」にかえる勉強』

【毎日新聞出版】

『あなたのまわりに「いいこと」が起きる70の言葉』
『なぜあの人は心が折れないのか』

【面接の達人】

『面接の達人　バイブル版』（ダイヤモンド社）

『好かれる人が無意識にしている気の使い方』（すばる舎リンケージ）
『一流のストレス』（海竜社）
『一流の準備力』（大和出版）
『成功する人は、教わり方が違う。』（河出書房新社）
『一歩踏み出す5つの考え方』（ベストセラーズ）
『一流の人のさりげない気づかい』（ベストセラーズ）
『名前を聞く前に、キスをしよう。』（ミライカナイブックス）

「本の感想など、どんなことでも、
あなたからのお手紙をお待ちしています。
僕は、本気で読みます。」　中谷彰宏

送り先
〒381-2206
長野市青木島町綱島 490-1　しなのき書房内
リンデン舎　編集部気付　中谷彰宏行
※食品、現金、切手などの同封は、ご遠慮ください。(編集部)

中谷彰宏は、盲導犬育成事業に賛同し、この本の印税の一部を(公財)日本盲導犬協会に寄付しています。

状況は、自分が思うほど悪くない。

毎日が楽しくなる60の「小さな工夫」

2017年11月25日　初版発行

著者　中谷彰宏

企画　信越放送株式会社
企画進行　横田秀太
デザイン　平林美穂（heirindo design）
編集協力　オフィスえむ

発行者　林 佳孝
発行所　リンデン舎
〒381-2206
長野県長野市青木島町綱島490-1
TEL：026-213-4013　FAX：026-284-7779
発売元　サンクチュアリ出版
〒151-0051
東京都渋谷区千駄ヶ谷2-38-1
TEL：03-5775-5192　FAX：03-5775-5193
http://www.sanctuarybooks.jp/
印刷・製本　大日本法令印刷株式会社

cover imag：Jacek Chabraszewski/Shutterstock.com

ISBN　978-4-86113-393-0